作りたいお菓子

—— いつもの材料でプロの味 ——

HIRO SWEETS

JN222614

扶桑社

はじめに

作りやすくておいしいスイーツで
みんなを笑顔にしたい

みなさんは、どんなときにお菓子を作りますか？
「誰かに喜んでもらいたい」
そんな気持ちでお菓子を作る方が多いのではないでしょうか。
僕はお菓子作りほど、まわりの人と喜びを
分かち合えるものはないと思っています。
だから、パティシエになりました。

大切な人の笑顔を思い浮かべながらお菓子と向き合うとき、
いつも楽しく、幸せな気持ちになります。
そんな充実した時間をみなさんと共有したいと思いながら
YouTubeでスイーツレシピを発信しています。
おかげさまでたくさんの方に動画を見ていただき、
レシピ本を出版する機会に恵まれました。

この本を手に取ってくれた方が、そしてそのご家族や友人が
僕のお菓子で笑顔になってくれたら、うれしいかぎりです。

HIRO SWEETS

この本のお菓子について

プロとして働いた経験のある、僕のお菓子作りのこだわりを紹介します。

1 特別な道具は使わない

ベーシックなパウンド型、丸型、マフィン型の3つの型だけで作れるレシピを集めました。ほかの道具も、100円ショップなどでリーズナブルに手に入るものばかり。「道具がない」というお菓子作りの最初のハードルをなるべく下げています。

2 食材は身近なもので、なるべく少なく

製菓材料の専門店でしか買えないものは使っていません。スーパーで売っている板チョコレートや小麦粉など、手に入りやすい材料で作ることができるので、思い立ったらすぐにチャレンジできます。

3 失敗知らず！

経験をもとに「失敗するかもしれない」原因をなるべく排除しています。たとえば液体を量るとき、カップやスプーンだと量り方によって差が出てしまいます。液体もグラムで表記しているのは、スケールで量ればその心配がないからです。ほかにも、お菓子作りが上手になるコツをたくさんご紹介しています。

4 味にとことんこだわる

手軽さを優先して、味がおろそかになっては意味がありません。いろいろな配合や作り方を試して、僕自身が「本当においしい」と思ったものだけを紹介しています。しっとりふわふわのマフィンや、とろけるような口溶けのレアチーズケーキを、ぜひ味わってみてください。

本書レシピのルール

- お菓子のベースの材料はほとんどグラム表記で記載しています。液体はスケールで量ってください(a)。
- 卵はMサイズのものを使用しています。個体差がありますので、記載しているグラムを参考にしてください。
- 下準備は記載している順に上から行ってください。
- オーブンの加熱時間は目安です。機種によって多少の差が生じることがありますので、様子を見ながら調整してください。
- とくに記載がない場合、電子レンジはラップなしで加熱しています。電子レンジの加熱時間は600Wを基準にしており、500Wの場合は1.2倍、700Wの場合は0.8倍を目安に加減してください。機種によって多少の差が生じることがあります。
- 「温湯」とは60〜70℃の湯、「熱湯」とは90〜100℃の湯のことを指します。
- オーブンペーパーはシリコン加工されたベーキングマットで代用できます(b)。
- パウンドケーキ、マフィン、フィナンシェなどの焼き菓子は冷凍保存できます。1個（ケーキは1切れ）ずつぴったりとラップで包み、冷凍用保存袋に入れて冷凍を(c)。冷凍庫で1カ月程度保存可能。食べるときは冷蔵庫に数時間おいて解凍してください。好みでオーブントースターなどで軽く温めなおしても。
- 焼く前のクッキー生地やスコーン生地は冷凍保存できます。まとめた生地をラップでぴったりと包み、冷凍用保存袋に入れて冷凍を(c)。冷凍庫で1カ月程度保存可能。冷蔵庫に数時間おいて解凍してから焼いてください。

a

b

c

Contents

はじめに	2
この本のお菓子について	3
この本で使用している型	6
この本で使用している材料	8
お菓子作りに必要な道具	10

Part 1
パウンド型 で作る

オレンジパウンドケーキ〈★☆☆〉	12
レーズンパウンドケーキ〈★☆☆〉	16
チョコレートパウンドケーキ〈★★☆〉	18
デコレーション生チョコ〈★★★〉	22
チーズテリーヌ〈★☆☆〉	24
プリン〈★☆☆〉	28
抹茶パンナコッタ〈★☆☆〉	30
キャロットケーキ〈★★☆〉	32
シュトーレン〈★★★〉	34
Column 失敗しないためのちいさなコツ① ～焼き菓子編～	36

Part 2
丸型 で作る

レアチーズケーキ〈★☆☆〉	38
ベイクドチーズケーキ〈★☆☆〉	42
かぼちゃのバスクチーズケーキ〈★☆☆〉	44
ガトーショコラ〈★★☆〉	46
チョコムースケーキ〈★☆☆〉	50
ショートケーキ〈★★☆〉	52
ビクトリアサンドケーキ〈★☆☆〉	56
レモンケーキ〈★☆☆〉	58
タルトタタン〈★★☆〉	60
ヨーグルトスフレケーキ〈★★☆〉	62
Column 失敗しないためのちいさなコツ② ～生クリーム・チョコ・ゼラチン編～	64

お菓子の作りやすさを★で紹介しています。
作るときの目安にしてください

★☆☆　Level 1　初めてでも作りやすい
★★☆　Level 2　初心者でも作れるが、やや工程が多い
★★★　Level 3　何度かお菓子作りをしたことがある人におすすめ

Part 3 マフィン型 で作る

プレーンマフィン〈★☆☆〉	66
バナナマフィン／りんご紅茶マフィン／トリプルチョコマフィン〈★☆☆〉	70
ブルーベリーヨーグルトマフィン〈★☆☆〉	74
ダブル抹茶マフィン〈★☆☆〉	76
生クリームシフォンケーキ〈★★★〉	78
フィナンシェ〈★★☆〉	80
フォンダンショコラ〈★☆☆〉	82
Column 失敗しないためのちいさなコツ③ ～仕上げ編～	84

Part 4 型なし で作る

ディアマンクッキー〈★☆☆〉	86
生チョコサンドクッキー〈★★☆〉	88
ブラウニークッキー〈★☆☆〉	90
ショートブレッド〈★☆☆〉	92
スノーボールクッキー〈★☆☆〉	94
プレーンスコーン〈★☆☆〉	96
チャンクスコーン〈★☆☆〉	98
レモンパンナコッタ〈★☆☆〉	100
スフレパンケーキ〈★★★〉	102
ヨーグルトティラミス〈★☆☆〉	104
型なしいちごタルト〈★★☆〉	106
マカロンショコラ〈★★★〉	108

\ 使う型は３つだけ！ /

この本で使用している

型

Part1〜3ではそれぞれ、パウンド型、丸型、マフィン型の
3つの型で作れるお菓子レシピをご紹介しています。

パウンド型

ものによって幅・高さの細かい寸法が異なる場合がありますが、上部の長さ18cmのパウンド型を基準にしています。底の角が少し丸くなっているものよりも、尖っているもののほうが、焼き菓子もひんやりスイーツも、キリリと見た目よく仕上がります。

サイズ詳細
上部外寸：長さ180×幅87×高さ60mm
底：長さ165×幅70mm

サイズ違いの型で作るときは
上部の長さ21cmまでのパウンド型なら、同じ分量で作れます。焼き時間は様子を見ながら調整してください。

オーブンペーパーの敷き方

1 オーブンペーパーの上に型を置き、型を包むようにして角の部分に軽く折り目をつける（焼き菓子の場合は、型の高さより1〜2cm高くなるようにする）。

2 ペーパーを一度広げて1の折り目をしっかりとつけ、写真のようにはさみで4カ所に切り込みを入れる。

3 型に敷く（面積が小さいほうの側面はペーパーが三重になる）。

底抜け丸型

直径15cmの丸型は、片手をいっぱいに広げたくらいの大きさで、作りやすいサイズ。幅広いメニューが作れる、底が取れるタイプがおすすめです。すき間から生地などがもれる可能性がある場合は、アルミホイルでカバーします。

サイズ詳細
直径150×高さ60mm

サイズ違いの型で作るときは

型の直径によって、すべての分量を以下のように変更してください。焼き時間は様子を見ながら調整してください。

直径12cmの場合　0.6倍
直径18cmの場合　1.5倍

オーブンペーパーの敷き方

1 オーブンペーパーの上に型の底を置いてペン先などで丸く型どり、はさみで切る。

2 型の高さに幅を合わせ（焼き菓子の場合は、型の高さより1〜2cm高くなるようにする）、長さは円周より4〜5cm長くなるようにペーパーを切る。

3 2、1の順に型に敷く。

マフィン型

サイズ詳細
外寸：長さ268×幅183×高さ32mm
単品内寸：直径70×高さ30mm

6個を同時に焼ける、マフィン型。グラシン紙のカップを敷いて焼きます。1個ずつ独立した耐熱性の厚紙やアルミ製のカップでも代用できます。

型なしのお菓子も紹介

Part4では、パンケーキやスコーンにクッキー、グラスで作るパンナコッタなど、型がなくても作れるスイーツレシピをご紹介しています。

ディアマンクッキー
➡ P86

スフレパンケーキ
➡ P102

7

\スーパーで買えるものだけ！/

この本で使用している

材　料

わざわざ製菓材料の専門店に行かなくても、いつものスーパーで買える、身近な材料だけで作れるのがHIRO SWEETSレシピの魅力です。

粉類など

小麦粉は、弾性・粘り成分のグルテンが少ない薄力粉が基本。メニューによってはグルテンが多い強力粉も使用します。アーモンドプードルやココアパウダーで香りや風味を足したり、ふくらし粉のベーキングパウダーを加えたりします。

薄力粉

強力粉

アーモンドプードル

ココアパウダー

ベーキングパウダー

砂糖

グラニュー糖はすっきりとした甘さ。加熱すると溶けやすく、甘みが均一になるので製菓向きの砂糖です。さとうきび由来のきび砂糖は、お菓子にコクが出るので、本書のレシピによく登場します。ない場合は、グラニュー糖で代用OK。粉糖は粒子が細かく、仕上げなどに使います。

グラニュー糖

きび砂糖

粉糖

卵と乳製品

卵は個体差があるので、本書では目安となるグラム数を記載。生クリームの乳脂肪分はおすすめのパーセンテージを示していますが、好みのものでかまいません（P64参照）。ただし、植物性のホイップクリームは風味や食感が変わるので、使わないほうがいいでしょう。

卵

バター

クリームチーズ

サワークリーム

ヨーグルト

生クリーム

チョコレート

使用したチョコレートはすべて、スーパーで買える板チョコレート。カカオの香りと風味をより濃厚にしたいときは、ココアパウダーで補っています。

板チョコレート
（ブラック）

板チョコレート
（ホワイト）

その他

メニューによって、クセのない米油を使用。サラダ油など、ほかの植物油で代用OK。チーズケーキなどの底生地には、市販のビスケットを砕いて使います。

米油（植物油）

ビスケット

\ 特別な道具は不要です！/

お菓子作りに必要な

道 具

作り始める前にまずは、「なくてはならない道具」がそろっているかを確認してください。
作りたいメニューによって、必要な道具が変わってきます。

なくてはならない道具

この5つは、最低限必要な道具です。
できれば、お菓子作り向きの仕様のものを。

1　ボウル
電子レンジにかけられる、ガラス製の耐熱ボウルをサイズ違いで。直径22cmと18cmのものがおすすめ。ステンレスなど金属製だと、泡立て器との摩擦により、金属のにおいがお菓子に移ってしまうことがあります

2　泡立て器
大小2サイズあると、何かと便利です

3　ゴムべら
洗いやすくてふきやすい、持ち手と一体型のシリコン製がおすすめ

4　スケール（はかり）
1g以下の微量も量れるデジタルのものがベター

5　粉ふるい兼こし器
写真のように持ち手つきのものが兼用で使いやすい

あると便利な道具

なくても作れるメニューがほとんどですが、あると仕上がりがきれいになったり、効率がアップしたりする道具の一覧です。

6　ハンドミキサー
7　ケーキクーラー
8　麺棒
9　温度計
10　ハケ
11　茶こし
12　パレットナイフ
13　絞り袋
14　回転台
15　カード

Part
1

パウンド型で作る

オレンジ、レーズン、チョコ、キャロットなど、
パウンドケーキレシピのバリエーションをメインにご紹介。
ひんやりスイーツや生チョコの型としても使えるんです！

※レシピはすべて長さ18cm×幅約8cm×高さ約6cmのパウンド型を使用しています。長さ21cm
までのパウンド型なら、同じ分量で作れます。焼き時間は様子を見ながら調整してください。

もうこれ以外作れなくなる！
オレンジがさわやかに香る
超しっとりの
絶品パウンドケーキ

Orange Pound Cake

オレンジパウンドケーキ

溶かしバターを使い、材料を順に混ぜるだけだから、
誰でも簡単に作れます。オレンジピールを用意する必要もなし。

Level
★☆☆

材料 （パウンド型1台分）

全卵 —— 2個（約100g）
グラニュー糖 —— 100g
オレンジの皮 —— 1個分
A ┌ 薄力粉 —— 80g
　 └ ベーキングパウダー —— 3g
アーモンドプードル —— 30g
無塩バター —— 100g
オレンジ果汁 —— 1/2個分（16g）
〈シロップ〉
B ┌ グラニュー糖 —— 20g
　 └ 水 —— 20g
オレンジ果汁 —— 1/2個分

下準備

- 型にオーブンペーパーを敷く（P6参照）
- オレンジは皮ごとスポンジと洗剤で洗って水けをふく。グラニュー糖をボウルに入れ、オレンジの皮を削り入れてよく混ぜる
- 皮を削ったオレンジは、半分に切って果汁を絞る
- Aをボウルに入れ、泡立て器でよく混ぜる
- バターを耐熱ボウルに入れ、電子レンジ（600W）で1分、その後30秒ずつ様子を見ながら加熱して溶かす
- オーブンを170℃に予熱する

HIRO's Voice

- アーモンドプードルはなしでもOK。その場合は同量の薄力粉を増やしてください
- 焼いた翌日以降のほうがしっとりしておいしく食べられます

Part 1 パウンド型で作る

オレンジの皮を砂糖に削り入れて混ぜ、香りを移します。グレーダーや普通のおろし金でOK。

オレンジパウンドケーキの作り方

1 卵にグラニュー糖を加える

泡立て器をボウルの底につけながら。グラニュー糖のザラザラ感がなくなればOK

ボウルに卵を割りほぐし、オレンジの皮を加えたグラニュー糖を一気に加えて泡立て器でよく混ぜる。

2 粉類をふるい入れる

混ぜ合わせたAをふるい入れる。アーモンドプードルを加え、粉けがなくなるまでよく混ぜる。

3 溶かしバター、オレンジ果汁を順に加える

果汁の量は念のため計量して、分量どおりに

溶かしバターを一気に加えて混ぜる。全体になじんだらオレンジ果汁を加える。泡立て器で混ぜ、なじんだらゴムべらに持ち替えて全体を均一に混ぜる。

4 型に流し入れて焼く

型に流し入れる。170℃に予熱したオーブンで 様子を見ながら32〜38分焼く。竹串を刺して、生の生地がついてこなければ焼きあがり。

5 シロップを作る

鍋にBを入れて中火にかけ、泡立て器で混ぜ、グラニュー糖が溶けて煮立ったら火を止める。ボウルに移し、オレンジ果汁を加えて混ぜる。

6 シロップを塗る

> 必ず熱いうちに。冷める間にシロップがしみ、ラップで包むと蒸気でしっとり

4が焼きあがったらすぐに、型を台に打ちつけて蒸気を抜く。型から出し、熱いうちにハケで5をケーキを90℃ずつ回転させながら全面に塗る（P84参照）。ラップでぴったりと包み、クーラーの上で冷ます。

Part 1 パウンド型で作る

Raisins Pound Cake

何度も繰り返し作りたくなる
定番の焼き菓子。
ふわっと香るラム酒の風味が◎

レーズンパウンドケーキ

Level
★☆☆

材料 （パウンド型1台分）

レーズン —— 90g
ラム酒 —— 5g
全卵 —— 2個（約100g）
きび砂糖 —— 90g
A ┌ 薄力粉 —— 90g
  └ ベーキングパウダー —— 2g
アーモンドプードル —— 20g
無塩バター —— 90g
〈シロップ〉
B ┌ グラニュー糖 —— 20g
  └ 水 —— 20g
ラム酒 —— 5g

下準備

● 型にオーブンペーパーを敷く（P6参照）
● Aをボウルに入れ、泡立て器でよく混ぜる
● バターを耐熱ボウルに入れ、電子レンジ（600W）で1分、その後30秒ずつ様子を見ながら加熱して溶かす
● オーブンを170℃に予熱する

HIRO's Voice

● アーモンドプードルはなしでもOK。その場合は同量の薄力粉をふやしてください
● レーズンは好みで増量しても。沈みやすいので必ずあとから加えるようにしましょう

作り方

1. ボウルにレーズンを入れ、ラム酒を加えてあえる（a）。
2. 別のボウルに卵を割りほぐし、きび砂糖を加えて泡立て器でよく混ぜる。
3. 混ぜ合わせたAをふるい入れる。アーモンドプードルを加え、粉けがなくなるまでよく混ぜる。
4. 溶かしバターを一気に加えて混ぜ、なじんだらゴムべらに持ち替えて全体を均一に混ぜ、型に流し入れる。
5. 4に1を散らし、ところどころ指で軽く押しこむ（b）。
6. 170℃に予熱したオーブンで様子を見ながら約40分焼く。竹串を刺して、生の生地がついてこなければ焼きあがり。
7. シロップを作る。鍋にBを入れて中火にかけ、泡立て器で混ぜる。グラニュー糖が溶けて煮立ったら火を止める。ボウルに移し、ラム酒を加えて混ぜる。
8. 6が焼きあがったらすぐに、型を台に打ちつけて蒸気を抜く。型から出し、熱いうちにハケで7をケーキを90℃ずつ回転させながら全面に塗る（P84参照）。ラップでぴったりと包み、クーラーの上で冷ます。

> 生地に混ぜると沈んでしまうので、上に散らしてからちょっと押しこむといい感じに

Part 1 パウンド型で作る

a

b

チョコレートパウンドケーキ

スーパーの板チョコで作れるのに、高級感のある仕上がりになります。
ギフトやバレンタインにもぴったり。

Level
★★☆

材料 （パウンド型1台分）

無塩バター —— 100g
A［きび砂糖 —— 90g
　 塩 —— ひとつまみ］
全卵 —— 90g
板チョコレート（ブラック）—— 50g
B［薄力粉 —— 90g
　 ベーキングパウダー —— 2g
　 ココアパウダー —— 15g］
アーモンドプードル —— 20g
牛乳 —— 30g
〈シロップ〉
C［グラニュー糖 —— 20g
　 水 —— 20g］
ラム酒（またはブランデー）—— 5g

下準備

- バター、卵は常温に戻す
- 型にオーブンペーパーを敷く（P6参照）
- 湯せん用の湯（約50℃）を用意する
- チョコレートは包丁で刻む
- Bをボウルに入れ、泡立て器でよく混ぜる
- オーブンを170℃に予熱する

HIRO's Voice

- アーモンドプードルはなしでもOK。その場合は同量の薄力粉をふやしてください
- シロップのラム酒は風味づけ。アルコールが苦手な方はなしでもOK
- 焼いた翌日以降のほうがしっとりしておいしく食べられます

Part 1 パウンド型で作る

チョコレートパウンドケーキの作り方

1 湯せんでチョコを溶かす

> ボウルの中に水が入らないよう気をつけて

ボウルに刻んだチョコを入れ、湯せんにかける。チョコが溶けたら、ボウルの水けを乾いたふきんでふき、常温においておく。

2 バターとグラニュー糖を混ぜる

別のボウルに常温に戻したバター、Aを入れ、泡立て器で白っぽくなるまでよく混ぜる。

> しっかり空気を入れることで、卵と合わせたときに乳化しやすい。ハンドミキサーを使っても

3 卵を加える

> 卵を加えてもし分離してしまっても、チョコと合わせるとなじむから大丈夫！

また別のボウルに卵を溶きほぐし、温度を確認する。さわって冷たいと感じたら、1の湯せんで、24～32℃（さわって冷たくない程度）に温める。5～7回に分けて少しずつ2に加え、その都度泡立て器で混ぜる。

4 チョコを合わせる

1のボウル（人肌程度・37～40℃になっているか確認する）に3を少量加え、泡立て器でよく混ぜる。なじんだら3のボウルに加えて全体をよく混ぜる。

5

粉類を2回に分けてふるい入れる

合わせたBの半量をふるい入れ、アーモンドプードルを加え、粉けがなくなるまでゴムべらで混ぜる。牛乳を加えてさらに混ぜ、残りのBもふるい入れて粉けがなくなるまで混ぜる。

6

型に流し入れて焼く

型に流し入れ、ゴムべらで表面を平らにならす。170℃に予熱したオーブンで様子を見ながら40～50分焼く。竹串を刺して、生の生地がついてこなければ焼きあがり。

7

シロップを作る

鍋にCを入れて中火にかけ、泡立て器で混ぜる。グラニュー糖が溶けて煮立ったら火を止める。ボウルに移し、ラム酒を加えて混ぜる。

8

シロップを塗る

6が焼きあがったらすぐに、型を台に打ちつけて蒸気を抜く。型から出し、熱いうちにハケで7をケーキを90℃ずつ回転させながら全面に塗る（P84参照）。ラップでぴったりと包み、クーラーの上で冷ます。

Part 1 パウンド型で作る

Chocolate Ganache

口溶け抜群の簡単生チョコ。
外側はパリッ、中はトロリ。
かわいくデコってバレンタインギフトに♡

デコレーション生チョコ

材料 （パウンド型1台／約2.4cm角18個分）

〈ブラック〉
板チョコレート（ブラック）── 100g
板チョコレート（ミルク）── 50g
生クリーム（35％）── 80g
無塩バター ── 10g
コーティング［板チョコレート
　（ブラック）150g、米油10g］

〈ホワイト〉
板チョコレート（ホワイト）── 150g
生クリーム（35％）── 50g
無塩バター ── 10g
コーティング［板チョコレート（ホワイト）120g、米油12g］

〈デコレーション〉
余ったチョコレート、ナッツやアラザンなど ── 各適量

Level ★★★

下準備

● バターは常温に戻す
● チョコレートは包丁で刻む
● 型にオーブンペーパーを敷く（P6参照）。型の高さの半分くらいまででOK

HIRO's Voice

● デコレーションの材料は、ほぼ100円ショップでそろいます
● 長さ18cmのパウンド型がおすすめですが、ほかの型でも作れます
● 10分ほど常温におき、やわらかくしてから食べるのがおすすめ

作り方 （ブラック、ホワイト共通）

1. 耐熱ボウルに刻んだチョコ、生クリームを入れる。電子レンジ（600W）で30秒ずつ2〜3回に分けて加熱し、その都度ボウルを揺すってなじませる。ゴムべらで中心から徐々に混ぜ、ツヤが出たらOK。

   （焦げないように様子を見ながら。溶け残りがあっても少しなら余熱で溶ける）

2. 常温に戻したバターを加え、ゴムべらでよく混ぜる。

   （ホワイトチョコはブラックに比べてかためなので、ゴムべらを使ってならす）

3. 型に流し入れ（a）、表面を平らにならす。冷蔵庫に入れ、2〜3時間冷やす。

   a

4. コンロなどで包丁を軽くあぶって温め、3を約2.4cm角・18等分に切る。

5. 湯せん（約50℃）でコーティング用のチョコを溶かし、米油を加えて混ぜる。

   （約32℃（さわって温かいと感じない）でコーティングする）

6. 4につまようじを刺し、5につけてコーティングする（b）。オーブンペーパーの上にのせ、固まったらつまようじをはずし、余ったチョコで穴を埋める。

   b

7. 表面が乾いたら、好みのデコレーションをほどこす（デコレーション用のコルネの作り方はP84参照）（c）。冷蔵庫に入れて冷やす。

   c

Part 1 パウンド型で作る

人生最高に
おいしいチーズケーキ。
濃厚なのにさわやかな
後味がたまらない！

Cheese Terrine

チーズテリーヌ

口に入れたら一瞬にしてとろける♪
ヨーグルトで酸味とやわらかさを、
サワークリームでコクとまろやかさをプラスします。

Level
★☆☆

材料 （パウンド型1台分）

クリームチーズ —— 200g
グラニュー糖 —— 90g
プレーンヨーグルト（無糖）—— 50g
サワークリーム —— 100g
全卵 —— 2個（約100g）
生クリーム（35％）—— 100g
薄力粉 —— 20g
レモン汁 —— 9g

下準備

- クリームチーズは常温に戻す
- 型にオーブンペーパーを敷く（P6参照）
- オーブンを160〜170℃に予熱する
- 湯せん焼き用の温湯を用意する
- 卵はボウルに割り入れ、溶きほぐしておく
- レモン汁を絞っておく

Part 1 パウンド型で作る

生のレモンの絞り汁を使うのがおすすめ。香りがまったく違います！

HIRO's Voice

- オーブンによって差が出やすいので、焼き時間と温度は様子を見ながら調整してください
- ヨーグルトは省いてもOK（味と食感が少し変わります）

25

チーズテリーヌの作り方

1 クリームチーズとグラニュー糖を混ぜる

> 泡立て器ではなくゴムべらで混ぜると、空気が入らず濃厚な仕上がりに

常温に戻したクリームチーズをボウルに入れ、なめらかになるまでゴムべらで練る。グラニュー糖を加えてよく混ぜる。

2 ヨーグルト、サワークリームを加える

ヨーグルト、サワークリームを順に加え、全体がなじむまでその都度よく混ぜる。

3 溶き卵、生クリームを加える

> ここもゴムべらで。軽い仕上がりにしたければ泡立て器で空気をふくませても

溶き卵を3回に分けて加え、その都度ゴムべらでよく混ぜる。生クリームを加えて全体が均一になるまでさらに混ぜる。

4 薄力粉をふるい入れる

薄力粉をふるい入れ、粉けがなくなるまでさっくりと混ぜる。レモン汁を加えてさらに混ぜる。

5 生地をこし、型に流し入れる

ボウルにこし器を重ね、4をこす。型に流し入れ、台に軽く打ちつけて空気を抜く。

6 オーブンで湯せん焼きをする

ペーパーを敷くのはすべり止めと火の通りをやわらげるため

型が入る大きさのバットに厚手のペーパー（またはふきん）を敷く。5をのせ、バットの約1.5cm深さまで温湯を注ぐ。160〜170℃に予熱したオーブンで様子を見ながら45〜55分焼く。表面にまんべんなく焼き色がついたら焼きあがり。

7 粗熱をとり、冷やす

焼きあがったら、クーラーの上で型のまま粗熱をとる。冷蔵庫に入れてひと晩以上冷やす。

Part 1 パウンド型で作る

27

卵の風味たっぷりのプリンが食べたい！
そんな思いで作ってみたら
もっちり食感の
大満足プリンが完成

Pudding

プリン

Level ★☆☆

材料 （パウンド型1台分）

〈カラメル〉
A [グラニュー糖 —— 40g
    水 —— 15g]
熱湯 —— 15g

全卵 —— 4個（200g）
グラニュー糖 —— 90g
B [生クリーム（35％）—— 100g
    牛乳 —— 200g]
バニラエッセンス —— 8滴

HIRO's Voice
- 耐熱のガラス容器やグラス、プリン型でもOK
- 型にすき間があると生地がもれることがあるので注意
- バニラエッセンスの代わりにあればバニラビーンズ1/6本を使うと、よりリッチな仕上がりに

下準備
- カラメル用の熱湯、湯せん焼き用の温湯を用意する
- オーブンを150℃に予熱する

作り方

1. カラメルを作る。鍋にAを入れてなじませ、中火にかける。まわりから徐々に色づいたら、鍋を傾けながら色を均一にする。写真のように茶色くなったら（a）色止めの熱湯を加える（はねるので注意）。

   > 沸騰前は結晶化するので混ぜすぎないように。カラメルは濃いめのほうが味のアクセントになる

2. 型に流し入れ、型を傾けて全体に薄くのばす。冷蔵庫に入れておく。

3. ボウルに卵を割り入れ、泡立て器でサラサラになるまでしっかりとほぐす。グラニュー糖を加え、軽く混ぜる。

   > 卵は泡立てるのではなくすり混ぜる

4. 鍋にBを入れて中火にかける。鍋のまわりがふつふつするくらい（60～70℃）まで温めたら泡立て器で混ぜながら少しずつ3に加える。均一になったらバニラエッセンスを加えて混ぜる。

5. ボウルにこし器を重ね、4をこす。2の型に流し入れる。

6. 型が入る大きさのバットに厚手のペーパー（またはふきん）を敷く。5をのせ、バットの約1.5cm深さまで温湯を注ぐ（b）。150℃に予熱したオーブンで様子を見ながら35～45分湯せん焼きにする。型を揺らして一部分のみではなく、全体が揺れれば焼きあがり。焼きあがったら、クーラーの上で型のまま粗熱をとる。冷蔵庫に入れて6時間以上冷やす。

7. 型と生地の間にナイフを入れ、揺らして空気を入れる。型に器をのせ、ひっくり返して取り出す。

   > 型からはずしにくいときは型ごと湯に1分ほどつけるとよい

a

b

Part 1 パウンド型で作る

Matcha Panna cotta

ツルン、プルンとした食感。
ひんやり冷たいけれど
さっぱりじゃなくて
濃厚な抹茶プリン

抹茶パンナコッタ

Level ★☆☆

材料 (パウンド型1台分)

板チョコレート(ホワイト) —— 80g
無塩バター —— 30g
抹茶パウダー —— 15g
生クリーム(35%) —— 200g
グラニュー糖 —— 50g
A [冷水 —— 40g
    粉ゼラチン —— 8g]
牛乳 —— 200g

HIRO's Voice

- 粉ゼラチンは必ず冷たい水でふやかして。水が冷たくないとゼラチンがダマになってしまうことがあります
- 保存容器やグラスに分けて作ってもOK

下準備

- Aは冷水にゼラチンをふり入れてふやかし、冷蔵庫で冷やしておく
- チョコレートは包丁で刻む

作り方

1. 大きめの耐熱ボウルに刻んだチョコ、バターを入れ、電子レンジ(600W)で30秒ずつ、2〜3回加熱する。1回ごとに取り出し、ボウルを揺すってなじませる。

    > 焦げないように様子を見ながら。溶け残りがあっても少しなら余熱で溶ける

2. 抹茶を加え(a)、泡立て器で混ぜる。

    > チョコに抹茶を加えることでダマができず、きれいに色づく

3. 鍋に生クリームを入れ、グラニュー糖を加えて混ぜながら中火にかける。鍋のまわりがふつふつと沸いてきたら火を止める。

4. ふやかしておいたAを3に加えてゴムべらで混ぜる。

    > 溶けにくい場合は泡立て器で

5. 4を2に2回に分けて加える(b)。まず半量を加え、泡立て器で中心から徐々に混ぜてツヤが出るまで混ぜる。残りを加え、同様に中心からツヤが出るまで混ぜる。

6. 冷たい牛乳を一気に加え、なじむまで混ぜる。

7. ボウルにこし器を重ね、6をこす。型に流し入れ、台に軽く打ちつけて空気を抜く。冷蔵庫に入れて6時間以上冷やす。

a

b

Part 1 パウンド型で作る

Carrot Cake

バターを使わず
にんじんの風味を生かして。
仕上げのフロスティングで
酸味をプラス

HIRO's Voice

- すりおろしたにんじんを入れることで、ふんわりとした食感に仕上がります
- ケーキなどの仕上げに塗る、甘いペースト状のものを「フロスティング」といいます
- クリームチーズのフロスティングはなしでもOK

キャロットケーキ

Level
★★☆

材料 （パウンド型1台分）

にんじん —— 1本（約110g）
くるみ（ローストしたもの）—— 40g
全卵 —— 2個（約100g）
A ┌ きび砂糖 —— 90g
　└ シナモンパウダー —— 1g
米油 —— 80g
レーズン —— 40g

B ┌ 薄力粉 —— 110g
　└ ベーキングパウダー —— 3g
〈フロスティング〉
クリームチーズ —— 100g
きび砂糖 —— 20g
レモン汁 —— 4g
〈トッピング〉
くるみ（ローストしたもの）—— 適量

下準備

● 型にオーブンペーパーを敷く（P6参照）
● Bをボウルに入れ、泡立て器でよく混ぜる
● オーブンを170℃に予熱する

作り方

1　にんじんはすりおろす。くるみは粗く刻む。

2　ボウルに卵を割りほぐし、Aを加えて泡立て器でもったりするまでよく混ぜる。米油を加え、全体になじむまでさらによく混ぜる。

> 油を加える前に、しっかりと混ぜて砂糖を溶かしておくのがポイント。卵は泡立てるのではなくすり混ぜる

3　1、レーズンを加え、ゴムべらで混ぜる。

4　混ぜ合わせたBをふるい入れる。粉けがなくなるまで混ぜる。型に流し入れる。

5　170℃に予熱したオーブンで様子を見ながら38〜42分焼く。竹串を刺して、生の生地がついてこなければ焼きあがり。熱いうちにラップで包み、ひと晩以上おく。

6　フロスティングを作る。常温に戻したクリームチーズをボウルに入れ、ゴムべらでなめらかに練る。きび砂糖、レモン汁を加えてよく混ぜる。

7　5の上に6のフロスティングをのせて（a）パレットナイフでのばす（b）。上にトッピング用のくるみを飾る。

> パレットナイフがなければゴムべらでもOK

a

b

Part 1 パウンド型で作る

Stollen

発酵なし、成形なし。ドライフルーツとスパイスがきいたドイツのクリスマス菓子をパウンド型で完全再現!

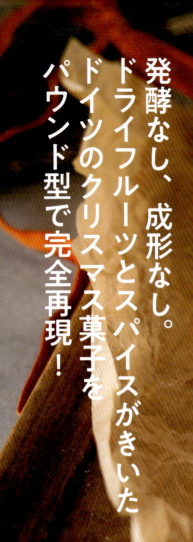

シュトーレン

材料（パウンド型1台分）

有塩バター —— 110g
粉糖 —— 80g
全卵 —— 2個（約100g）
はちみつ —— 20g
A ┌ 薄力粉 —— 40g
　├ 強力粉 —— 40g
　├ ベーキングパウダー —— 3g
　└ シナモンパウダー —— 1g
アーモンドプードル 40g

〈具材〉
ドライフルーツミックス —— 120g
レーズン —— 110g
好みのナッツ（アーモンド、くるみ、
　ピスタチオなど・ローストしたもの）—— 計50g
ラム酒 —— 15g
シナモンパウダー —— 適量

〈仕上げ〉
無塩バター —— 50g
グラニュー糖、粉糖、溶けない粉糖 —— 各適量

Level
★★★

下準備

- 前日にドライフルーツミックス、レーズン、シナモンパウダー、ラム酒をボウルに入れて混ぜ、漬けておく（時間がなければ数時間程度でもOK）
- すべての材料を常温に戻す（とくにバター、卵）
- 型にオーブンペーパーを敷く（P6参照）
- ボウルに卵を溶きほぐし、湯せん（50〜60℃）で30℃前後に温める
- Aをボウルに入れ、泡立て器でよく混ぜる
- オーブンを170℃に予熱する

HIRO's Voice

- スパイスはシナモンのほかにナツメグ、ジンジャー、カルダモンなどお好みで
- 強力粉、アーモンドプードルは薄力粉で代用OK
- 仕上げの粉糖は、1パック（70g）でも足りますが、2パック（140g）用意すると、作業がしやすいです
- 焼いた翌日以降、少しずつ食べると味の変化が楽しめます

作り方

1. 常温に戻したバターに粉糖を加え、泡立て器で白っぽくなるまで混ぜる。

   （あれば泡立て器の代わりにハンドミキサーを使うのがおすすめ）

2. 温めた溶き卵を5〜7回に分けて加える。その都度なじむまで混ぜる。生地がボウルにくっつき、なめらかになったらはちみつを加えて混ぜる。

3. 合わせたAをふるい入れ、アーモンドプードルを加え、ゴムべらで練るようにして混ぜる。生地が白っぽくなり、ツヤが出たらOK。

   （強力粉を使用し、練るようにするとグルテンが出てもっちり食感に）

4. 粗く砕いたナッツ、漬けこんでおいたドライフルーツを加えて混ぜる。全体になじんだら、型に流し入れ、ゴムべらで平らにならす。台に軽く打ちつけて空気を抜く。

5. 170℃に予熱したオーブンで様子を見ながら45〜60分焼く。竹串を刺して、生の生地がついてこなければ焼きあがり。すぐに型から出し、クーラーの上で粗熱をとる。

   （焦げ茶色になるまでしっかりめに焼くのがポイント）

6. 耐熱ボウルに仕上げ用のバターを入れ、電子レンジ（600W）で約1分加熱して溶かす。ハケで5に塗り、グラニュー糖をまぶす（a）。さらに粉糖、溶けない粉糖の順にまぶし（b）、ラップで包んでひと晩以上おく。

   （バターと砂糖でコーティング。とくに粉糖はしっかりとまぶして）

a

b

Part 1 パウンド型で作る

失敗しないためのちいさなコツ①

～焼き菓子編～

粉類はふるう前によく混ぜて

2種類以上の粉類を合わせてふるうときは、まずボウルに入れ、小さめの泡立て器でよく混ぜて（a）。そうすることで全体がまんべんなく混ざり、失敗を防げます（とくにベーキングパウダーはごく少量なので必須）。また、事前にふるっておくときは紙の上でふるう（b）と、後で加えやすいです。

a

b

「溶かしバター」と「常温に戻したバター」って？

溶かしバターとは、バターが完全に溶けて液体になった状態。70～100gなら電子レンジ（600W）で1分加熱して様子を見て、足りなければさらに20～30秒ずつ加熱します。常温に戻したバターとは、写真左のように押すと指のあとがつく状態。室温に30分～数時間おきます。足りなければ電子レンジで数秒ずつ加熱して様子を見てください。

湯せんは鍋＋ボウルで効率アップ

卵液や生地、チョコを湯せんにかけるときは、鍋に湯を用意し、そこへボウルの底をあてるのが効率的。鍋よりも大きいボウルなら、水けが入る心配はありません。温度や状態、溶け具合を確認しながら、あてたりはずしたり、火を強めて湯の温度を上げることができます。

卵の黄身と白身を分けるのは、手が一番！

卵の殻を使う方法もありますが、殻の尖った部分で黄身がつぶれることがあります。割ったら黄身を手にのせ、指の間から白身をきるのがもっとも安全。卵白のメレンゲがキモになるお菓子では、ここで失敗すると台なしになるので、細心の注意を払いましょう。

生地を型に入れたら、ゴムべらで混ぜて均一に

ボウルでちゃんと生地を混ぜたつもりでも、混ざりきらなかった材料が底にたまっていることがあります。型に流し入れた直後、念のためにゴムべらでクルクルと混ぜて、まわりの生地となじませます。

Part

2

丸型で作る

チーズケーキ、チョコケーキ、ショートケーキ……
底抜け丸型がひとつあれば、
ちょっと特別感がある、丸型ホールケーキがいろいろと作れます。

※レシピはすべて直径15cmの底が抜けるタイプの丸型を使用しています。

ゼラチンなしだからこその
"ふわとろ"食感。
味と食感に
こだわりまくりました

No-bake Cheese Cake

レアチーズケーキ

お店では扱えないくらい、極限までやわらかいケーキは
手作りだからこそ楽しめる味わい。「ゼラチンの食感が苦手だった」
という方にもおいしいと言ってもらえました。

Level
★☆☆

材料 （直径15cm丸型1台分）

〈底〉
市販のビスケット —— 70g
無塩バター —— 40g

〈生地〉
クリームチーズ —— 200g
プレーンヨーグルト（無糖）—— 20g
グラニュー糖 —— 50g
レモン汁 —— 10g
生クリーム（42％）—— 200g

下準備

● クリームチーズは常温に戻す
● 型にオーブンペーパーを敷く（P7参照）

Part 2 丸型で作る

HIRO's Voice

● とてもやわらかいので、型からはずしやすい
　ようにオーブンペーパーを敷いておきます
● 生クリームの泡立て具合が最大のポイント。
　かために泡立てて
● 乳脂肪分が高い生クリーム（40％以上）を使
　うとコクが出て、固まりやすくなります

レアチーズケーキの作り方

1. ビスケットを砕いてバターと合わせる

底を作る。ビスケットを保存袋などに入れて麺棒で叩き、砕く。ある程度砕いたら袋の上で麺棒を転がして細かくする。耐熱ボウルにバターを入れ、電子レンジ（600W）で30秒ほど加熱して溶かす。ビスケットの袋に加えてもみ、まんべんなく混ぜる。

2. 型に敷く

仕上げに端のほうを小さめのスプーンで整えるときれいに

型に1を入れ、コップの底などで平たくならす。冷蔵庫に入れて冷やし固める。

3. 生地を作る

ヨーグルトとレモン汁でさっぱりとした仕上がりに。レモン汁には生地を固まりやすくする効果も

ボウルに常温に戻したクリームチーズを入れ、ヨーグルトを加えて泡立て器で混ぜる。グラニュー糖を加え、溶けるまで混ぜる。レモン汁を加えてさらに混ぜる。

4 生クリームを泡立てる

別のボウルに生クリームを入れ、ボウルの底を氷水にあてながら、ハンドミキサーで八〜九分立てに泡立てる。

> 泡立て器で持ち上げられるくらいかために泡立てる。ただし、泡立てすぎると分離するので注意

5 3に生クリームを加える

3の生地に4の生クリームを加え、泡立て器でなじむまで混ぜる。仕上げにゴムべらに持ち替えて混ぜる。

6 型に流し入れて冷やす

2の型に流し入れ、ゴムべらで表面をならす。一度台に軽く打ちつけて空気を抜き、さらに表面を平らに整える。ラップをかけて冷蔵庫に入れ、ひと晩以上おき、型から抜く（P84参照）。

> 回転台を使うとさらに上面をきれいに整えられる

さわやかな酸味をきかせた
超簡単に作れる
ニューヨーク風チーズケーキ

Baked Cheese Cake

ベイクドチーズケーキ

Level
★☆☆

材料 （直径15cm丸型1台分）

〈底〉
市販のビスケット —— 70g
有塩バター —— 30g

〈生地〉
クリームチーズ —— 200g
グラニュー糖 —— 70g
サワークリーム —— 90g
全卵 —— 1個（約50g）
薄力粉 —— 30g
生クリーム（35％）—— 200g
レモン汁 —— 15g（約½個分）

下準備

- クリームチーズは常温に戻す
- 型にオーブンペーパーを敷く（P7参照）
- オーブンを170℃に予熱する

HIRO's Voice

- 無塩バターではなく、有塩バターを使うのがおすすめ
- サワークリームを加えると口あたりがよくなり、さわやかな酸味と奥ゆきのある味に
- 薄力粉をコーンスターチにおきかえると、よりなめらかに
- より濃厚な味が好みなら、生クリームは乳脂肪分45％のものに

作り方

1. 底を作る。ビスケットを保存袋などに入れて麺棒で叩き、砕く。ある程度砕いたら袋の上で麺棒を転がして細かくする。

2. 耐熱ボウルにバターを入れ、電子レンジ（600W）で30秒ほど加熱して溶かす。1に加えてもみ、まんべんなく混ぜる。

3. 型に2を入れ、コップの底などで平たくならす。冷蔵庫に入れて冷やし固める。

4. 生地を作る。ボウルに常温に戻したクリームチーズ(a)を入れ、グラニュー糖を加え、ゴムべらでなめらかになるまで混ぜる。サワークリームを加えてさらに混ぜる。

5. 卵を割り入れ、泡立て器に持ち替えてなじむまで混ぜる。薄力粉をふるい入れ、粉けがなくなるまでさらに混ぜる(b)。

6. 生クリームを2回に分けて加え、なじむまで混ぜる。レモン汁を加えてさらに混ぜる。

7. ボウルにこし器を重ね、6をこす。3の型に流し入れ、台に軽く打ちつけて空気を抜く。

8. 170℃に予熱したオーブンで様子を見ながら45〜55分焼く。表面にまんべんなく焼き色がついたら焼きあがり。クーラーの上で型のまま粗熱をとる。冷蔵庫に入れてひと晩冷やす。

さわると指のあとがつくくらいのやわらかさになっていればOK

a

b

Pumpkin Basque Cheese Cake

スペイン・バスク地方発祥の
真っ黒な見た目が印象的なチーズケーキ。
ほっこりとした甘さのかぼちゃとも
ベストマッチ！

かぼちゃのバスクチーズケーキ

Level
★☆☆

材料 （直径15cm丸型1台分）

かぼちゃ —— 正味200g
クリームチーズ —— 200g
きび砂糖 —— 70g
全卵 —— 2個（約100g）
薄力粉 —— 20g
生クリーム（35％）—— 200g

下準備

- クリームチーズは常温に戻す
- オーブンペーパーを一度くしゃくしゃにし、広げてから型に敷く
- オーブンを240℃に予熱する

HIRO's Voice

- かぼちゃは電子レンジの代わりに、蒸し器で蒸してやわらかくしても
- オーブンによって焼き色に差が出るので、様子を見ながら焼いてください。焼き時間とオーブンの温度は目安です

Part 2

丸型で作る

作り方

1. かぼちゃは種とワタを除き、皮をむく。小さめの乱切りにして計量し、耐熱ボウルに水20g（分量外）とともに入れる。ふんわりとラップをかけて電子レンジ（600W）で5分加熱する。マッシャーやゴムべらなどでつぶす（a）。

   〔竹串を刺してスッと通るくらいやわらかくなるまで〕

2. 別のボウルにクリームチーズを入れ、きび砂糖を加えてゴムべらで混ぜる。

3. 溶きほぐした卵を2回に分けて2に加え、その都度泡立て器で混ぜる。1を加え、均一になるまで混ぜる。

4. 薄力粉をふるい入れ、粉けがなくなるまで混ぜる。生クリームを加えて混ぜる。

5. ボウルにこし器を重ねて4をこし、型（b）に流し入れる。

   〔型にくしゃくしゃにしたペーパーを敷くのが特徴〕

6. 240℃に予熱したオーブンで24〜30分焼く。表面が焦げ茶色に色づいたら取り出し、型のままクーラーの上で粗熱をとる。ラップをかけ、冷蔵庫に入れてひと晩冷やす。

a

b

チョコ好きの
パティシエが
本気でおいしいと思う
ガトーショコラ

Gâteau Chocolat

ガトーショコラ

板チョコなのに高級チョコレートのように超絶濃厚な味わいです。
ホイップクリームを添えなくてもおいしく食べられるレシピにしました。

Level
★★☆

材料（直径15cm丸型1台分）

卵黄 —— 3個分（約54g）
グラニュー糖 —— 30g（手順1で使用）
板チョコレート（ブラック）—— 85g
無塩バター —— 45g
生クリーム（35%）—— 90g
卵白 —— 3個分（約100g）
グラニュー糖 —— 80g（手順4で使用）
A [薄力粉 —— 30g
    ココアパウダー —— 40g]

〈仕上げ〉
溶けない粉糖 —— 適量

下準備

- 型にオーブンペーパーを敷く（P7参照）
- チョコレートは包丁で刻む。バターは1cm角に切り、チョコとともに耐熱ボウルに入れる
- Aをボウルに入れ、泡立て器でよく混ぜてからふるっておく
- オーブンを170℃に予熱する

Part 2 丸型で作る

HIRO's Voice

- ココアパウダーが多めの配合だから、板チョコでもカカオの香りが十分に引き立ち、かたさもキープできます
- メレンゲが泡立たなくなるので、卵白に卵黄が入らないように注意して
- 焼いた翌日以降のほうがしっとりしておいしく食べられます

ガトーショコラの作り方

1. 卵黄にグラニュー糖を加える

ボウルに卵黄を入れ、グラニュー糖30gを加え、泡立て器で白っぽくなるまで混ぜる。

2. 電子レンジでチョコを溶かす

刻んだチョコとバターを入れた耐熱ボウルに生クリームを加え、電子レンジ（600W）で1分加熱する。ボウルを揺すってなじませ、さらに30秒ほど加熱し、泡立て器で混ぜる。

> 少し溶け残っていても、泡立て器で混ぜれば溶ける。ツヤが出るまで混ぜて

3. 溶かしたチョコに卵黄ペーストを加える

2に1を加え、泡立て器でツヤが出るまで混ぜる。

4 メレンゲを作る

> グラニュー糖が多いので泡立ちにくいが、強いメレンゲになる

別のボウルに卵白、グラニュー糖80gを入れ、ハンドミキサーで泡立てる。たらすと筋が残るくらいまで。

5 メレンゲ、粉類を加える

メレンゲの半量を3のボウルに加え、ゴムべらで混ぜる。マーブル状になったら、ふるったAを加える。下からすくい上げるように、ボウルを回しながら全体を混ぜる。残りのメレンゲを加え、同様に混ぜる。

> 強いメレンゲなので、混ぜすぎを気にしなくてOK

6 型に流し入れて焼く

型に流し入れ、ゴムべらで表面をならす。台に軽く打ちつけて空気を抜く。170℃に予熱したオーブンで様子を見ながら約30分焼く。中心までふくらんだら焼きあがり（竹串を刺すと生地がついてくるが、冷えると固まるので問題ない）。

7 冷やして仕上げる

> 表面が割れて冷めると真ん中がくぼむのが成功の証拠

焼きあがったらすぐに、型を台に軽く打ちつけて蒸気を抜く。型のまま粗熱をとり、ラップをかけて冷蔵庫に入れ、ひと晩おく。仕上げに茶こしで粉糖をふりかける。

Part 2 丸型で作る

材料3つで超簡単!
濃厚でなめらか食感の
ムースケーキが
混ぜて冷やすだけ

Chocolate Mousse Cake

チョコムースケーキ

Level
★☆☆

材料 （直径15cm丸型1台分）

〈底〉
市販のビスケット —— 70g
板チョコレート（ブラック）—— 30g

〈ムース〉
板チョコレート（ブラック）—— 220g
生クリーム（35%）—— 100g（手順4で使用）
生クリーム（35%）—— 200g（手順5で使用）

下準備
● 型にオーブンペーパーを敷く（P7参照）
● チョコレートは包丁で刻む

HIRO's Voice
● 市販のビスケットは、油脂分（バター）がたっぷり入ったものがおすすめ。油脂分が控えめのビスケットを使う場合は、バターやチョコを分量よりも少し多めに加え、調整を
● 切るときは軽く火であぶったナイフを使うときれいに仕上がります（P84参照）

作り方

1. 底を作る。ビスケットを保存袋などに入れて麺棒で叩き、砕く。ある程度砕いたら袋の上で麺棒を転がして細かくする。

2. 耐熱ボウルに刻んだチョコを入れ、電子レンジ（600W）で30秒ずつ、2～3回加熱する。2回目の加熱後に混ぜ、なめらかに溶けていればOK。まだ溶けていなければ、再度レンジで加熱する。1に加えてもみ、まんべんなく混ぜる。

3. 型に2を入れ、コップの底などで平たくならす（a）。冷蔵庫に入れて冷やし固める。

4. ムースを作る。耐熱ボウルに刻んだチョコを入れ、生クリーム100gを加えて電子レンジ（600W）で30秒ずつ、様子を見ながら3～4回加熱する。中心からゴムべらで混ぜ、ツヤが出てきたら、徐々に円を大きくして全体を混ぜる。

5. ボウルに生クリーム200gを入れ、ボウルの底を氷水にあてながら、六～七分立てに泡立てる。

6. 4の温度を確認し、さわって温かい（ぬるま湯程度）と感じたらOK。5を少量加え、ゴムべらでツヤが出るまで混ぜる。

7. 残りの5を加えてさっくりと混ぜ（b）、なじんだら3の型に流し入れる。ゴムべらで表面を平らにならして冷蔵庫に入れ、ひと晩冷やし、型から抜く（P84参照）。

> 仕上げにふちを小さめのスプーンで整えるときれいに

> 冷たい場合は、電子レンジ（600W）で数秒加熱して温めて

a

b

Strawberry Sponge Cake

お店の
ショートケーキを超えた！
絶対に100点満点が
もらえるレシピ

ショートケーキ

全卵だけのレシピが多いのですが、卵黄を加えることで
コクが出てキメが細かいスポンジケーキになります。

Level
★★☆

材料 （直径15cm丸型1台分）

A ┌ 全卵 —— 2個（約100g）
　└ 卵黄 —— 1個分（約18g）
グラニュー糖 —— 70g
薄力粉 —— 70g
B ┌ 無塩バター —— 10g
　└ 牛乳 —— 10g
〈シロップ〉
C ┌ グラニュー糖 —— 10g
　└ 水 —— 20g
好みのリキュール —— 1〜2g
〈仕上げ〉
生クリーム（42%）—— 400g
グラニュー糖 —— 32g
いちご —— 2〜3パック

HIRO's Voice

- リキュールはキルシュ、コアントロー、グランマルニエなどを
- きれいに仕上げるには、パレットナイフと回転台があると◎。安いものでOK
- ホイップクリームに加える砂糖は生クリームに対して8〜10%がおすすめ

Part 2 丸型で作る

下準備

- 型にオーブンペーパーを敷く（P7参照）
- 湯せん用の湯（50〜60℃）を用意する
- Bを小さめのボウルに入れる
- 薄力粉はふるっておく
- オーブンを170℃に予熱する

生クリームを泡立てるときは必ずボウルの底を氷水にあてて。はさむクリームと下塗りはかため、本塗りと絞るクリームはゆるめに。まずはゆるめに泡立ててから、小さい泡立て器で一部だけを泡立てると、そこだけかためのクリームになる。

ショートケーキの作り方

1. 卵とグラニュー糖を温めながら混ぜる

ボウルにAを溶きほぐし、グラニュー糖を加えてハンドミキサーで混ぜる。湯せんにかけながら混ぜ、人肌程度（36〜38℃）に温める。湯せんからはずし（湯せんはそのままBを温める）、高速で泡立てる。白っぽくなり、たらすと筋が残るくらいまで。さらに低速で1分ほど混ぜてキメを整え、ツヤが出たらOK。

> サラサラになり、さわってほんのり温かいと感じる程度に温める

2. 薄力粉を加える

ふるった薄力粉を一気に加える。ゴムべらですくい上げるように粉けがなくなるまで混ぜる。

3. 温めたバターと牛乳を合わせる

温めたBに、2の生地の少量を加えてよく混ぜる。残りの生地のボウルに加えて混ぜる。

> 温度は気にしなくてOK。しっかりと混ぜ合わせて

4. 型に流し入れて焼く

型に流し入れ、ゴムべらで表面をならす。台に軽く打ちつけて空気を抜く。160℃に予熱したオーブンで様子を見ながら25〜30分焼く。竹串を刺して、生の地がついてこなければ焼きあがり。

5. ひっくり返して冷ます

焼きあがったらすぐに、型を台に軽く打ちつけて蒸気を抜く。クーラーの上でひっくり返し、型からはずして粗熱をとる。

> 蒸気を抜かないと、スポンジがしぼんでしまうので注意

6

シロップを作り、生クリームを泡立てる

鍋にCを入れて中火にかけ、泡立て器で混ぜる。グラニュー糖が溶けてひと煮立ちしたら火を止める。ボウルに移し、リキュールを加えて混ぜる。別のボウルに仕上げ用の生クリーム、グラニュー糖を入れ、ボウルの底を氷水にあてながら、ハンドミキサーで六〜七分立てのゆるめに泡立てる。

7

ケーキを組み立てる

割り箸を2膳ずつテープで留め、ガイドにすると切りやすい

いちごは飾り用に一部を取り分けて5mm厚さに切る。5のスポンジの粗熱がとれたら横3等分に切る。底の焼き色がついた面に6のシロップの1/3量をまんべんなく塗る。6のクリームの一部を七〜八分立てのかために泡立ててのせ、のばす。いちごを並べ、さらにクリームをのせてのばす。2枚目のスポンジを重ね、同様にして組み立てる。残りのスポンジをのせて軽く押し、残りのシロップを全体に塗る。

8

ホイップクリームを塗る

七〜八分立てのかためのクリームを全体に薄めに塗り広げ、下塗りをする。次に六〜七分立てのゆるいクリームを全体に塗り広げる。側面はパレットナイフを垂直にして表面を整える。

9

デコレーションして仕上げる

丸口金（8〜10号）をつけた絞り袋に六〜七分立てのゆるいクリームを入れ、上面に一周絞る。中央にヘタを取ったいちごを飾る。冷蔵庫に入れて30分以上おく。

Victoria Sand Cake

しっとりケーキにクリームと
いちごジャムをはさんで。
簡単なのにかわいくて豪華!

ビクトリアサンドケーキ

材料 （直径15cm丸型1台分）

- 無塩バター —— 110g
- グラニュー糖 —— 100g
- 全卵 —— 2個（約100g）
- A [薄力粉 —— 110g
    ベーキングパウダー —— 3g]
- 牛乳 —— 15g

〈仕上げ〉
- 生クリーム（40〜42%）—— 100g
- いちごジャム —— 70g
- 溶けない粉糖 —— 適量

下準備

- バター、卵は常温に戻す
- 型にオーブンペーパーを敷く（P7参照）
- Aをボウルに入れ、泡立て器でよく混ぜる
- オーブンを170℃に予熱する

Level
★☆☆

HIRO's Voice

- ジャムはいちごやラズベリーが定番ですが、ブルーベリーやマーマレードなど好みのものでOK
- 必ず冷蔵庫で30分以上冷やしてからカットしてください

作り方

1. ボウルに常温に戻したバターを入れ、グラニュー糖を加えて白っぽくなるまで泡立て器で混ぜる。

2. 別のボウルに卵を割り入れて溶きほぐし、その2/3量を1に4〜5回に分けて加え、その都度よく混ぜる。

    > 卵を一気に加えると分離してしまうことも。少しずつ混ぜながら加えるといい

3. 合わせたAの半量をふるい入れ、粉けがなくなるまで混ぜる。残りの溶き卵を2回に分けて加えて混ぜる。牛乳を加えてさらに混ぜる。

4. 残りのAをふるい入れて混ぜ、型に流し入れる。

5. 170℃に予熱したオーブンで34〜38分焼く。竹串を刺して、生の生地がついてこなければ焼きあがり。

6. 焼きあがったらすぐに、型を台に軽く打ちつけて蒸気を抜く。型から出し、熱いうちにラップでぴったりと包み、クーラーの上で粗熱をとる。冷蔵庫に入れてひと晩おく。

    > 焼きあがった生地は、ショックを与えて中の余分な水蒸気を抜くとしぼみにくい

    a

7. ボウルに生クリームを入れ、ボウルの底を氷水にあてながら、七〜八分立てに泡立てる。

8. 6を横半分に切り、下半分の断面に7をゴムべらなどで塗り広げる。その上にいちごジャムを塗り（a）、上半分をのせる。冷蔵庫に入れ、30分以上冷やす。茶こしに粉糖を入れ、上からふりかける（b）。

    b

Part 2 丸型で作る

Lemon Cake

レモンの
さわやかな香りが
口いっぱいに広がる。
しっとりしたケーキを包む
甘酸っぱいアイシングも◎

レモンケーキ

Level
★☆☆

材料 （直径15cm丸型1台分）

- 全卵 —— 2個（約100g）
- きび砂糖 —— 70g
- レモンの皮 —— 1個分
- A [薄力粉 —— 80g
    ベーキングパウダー —— 3g]
- アーモンドプードル —— 30g
- 無塩バター —— 70g
- 米油 —— 30g
- レモン汁 —— 20g（約½個分）

〈シロップ〉
- B [グラニュー糖 —— 20g
    水 —— 20g]
- 好みのリキュール（あれば・コアントローなど） —— 5g

〈アイシング〉
- レモン汁 —— 17g（約½個分）
- 粉糖 —— 85g

下準備

- 型にオーブンペーパーを敷く（P7参照）
- レモンは皮ごとスポンジと洗剤で洗って水けをふく。きび砂糖をボウルに入れ、レモンの皮を削り入れてよく混ぜる
- 皮を削ったレモンは半分に切り、果汁を絞る
- バターを耐熱ボウルに入れ、電子レンジ（600W）で1分、その後30秒ずつ様子を見ながら加熱して溶かす
- Aをボウルに入れ、泡立て器でよく混ぜる
- オーブンを170℃に予熱する

作り方

1. ボウルに卵を割り入れて溶きほぐし、きび砂糖、レモンの皮を加えて泡立て器で白っぽくなるまで混ぜる。
2. 合わせたAをふるい入れる。アーモンドプードルを加え、粉けがなくなるまでよく混ぜる。
3. 溶かしバターに米油を加えて混ぜ、2に加えて混ぜる。なめらかになったらレモン汁を加えて混ぜ、仕上げにゴムべらで全体を混ぜ合わせる。
4. 型に流し入れ、170℃に予熱したオーブンで25～30分焼く。竹串を刺して、生の生地がついてこなければ焼きあがり。
5. シロップを作る。鍋にBを入れて中火にかけ、泡立て器で混ぜる。グラニュー糖が溶けて煮立ったら火を止める。ボウルに移し、リキュールを加えて混ぜる。
6. 4が焼きあがったらすぐに、型を台に軽く打ちつけて蒸気を抜く。型から出し、熱いうちにハケで5を全面に塗る。ラップでぴったりと包み、クーラーの上で冷ます。
7. アイシングを作る。ボウルにレモン汁を入れ、粉糖を加えて泡立て器でツヤが出るまで混ぜる（a）（b）。6にかける。

> 混ぜはじめは油と生地が分離するが、混ぜ続けるとツヤが出てくる

HIRO's Voice

- アイシングはゆるめの配合です。好みでかたさを調整してください
- 米油（サラダ油など無味無臭の植物油で代用OK）を加えることで生地がふわっと仕上がります

a

b

Part 2 丸型で作る

りんごと冷凍パイシートで
作るお手軽タルトタタン。
キャラメルの風味と
りんごの酸味が相性抜群！

Tarte Tatin

タルトタタン

Level ★★☆

材料 (直径15cm丸型1台分)

りんご —— 800g (3〜5個)

〈キャラメルA〉
グラニュー糖 —— 60g
無塩バター —— 30g

〈キャラメルB〉
グラニュー糖 —— 60g
無塩バター —— 20g

冷凍パイシート —— 1枚

下準備

- 冷凍パイシートは常温に5分ほどおいて解凍し、型をあててナイフで丸型に抜く。フォークで全体に穴をあけ、ラップで包んで冷蔵庫で冷やしておく
- オーブンを180℃に予熱する

作り方

1. りんごは皮をむいて種と芯を除き、4〜6等分に切る。

2. キャラメルAを作る。グラニュー糖の1/3量を鍋に入れ、中火にかける。グラニュー糖が溶けはじめたら軽く揺すって溶かす。残りのグラニュー糖を加えて泡立て器で混ぜて溶かす。そのまま加熱してきつね色になったら、バターを加えてすぐに混ぜる。

3. 1のりんごを加えて炒める。一度水けが出て、その水けが飛んで鍋底が見えるくらいまで炒める(a)。ボウルに取り出し、鍋底をきれいにする。

4. キャラメルBを作る。2と同じ手順でキャラメルを作り、濃いキャラメル色になったらバターを加えて泡立て器で混ぜる。バターが溶けたら混ぜながら煮つめ、バターとグラニュー糖を乳化させる(b)。

5. 型に4を流し入れ、3のりんごをすき間なく並べ入れる(汁も加える)。

6. 乾燥しないようアルミホイルをかぶせる。180℃に予熱したオーブンで40分焼く。

7. アルミホイルを取り、ゴムべらなどでりんごを上から軽く押してオーブンに戻す。温度はそのままで、りんごが茶色く色づくまでさらに20〜30分焼く。

8. 一度取り出して下準備したパイシートをのせる。予熱なし・200℃で20分焼く。パイシートに焼き色がついたら焼きあがり。型のまま粗熱をとり、ラップをかけて冷蔵庫に入れ、ひと晩以上冷やす。

9. 型の底をコンロの火などで軽く温め、側面に一周ナイフを入れてひっくり返し、型からはずす。

HIRO's Voice

- りんごはあれば紅玉など、酸味のある品種がおすすめです
- 有塩バターで作ると塩キャラメルの味わいになります
- キャラメルAはりんごを炒めるためのもの。Bは型に流し入れます。キャラメルBの色で味の印象が変わり、濃いめに煮つめるとほろ苦くておいしい
- 焼いている間に汁けが出てくるので、天板にもアルミホイルを敷いておくと汚れるのを防げます

Part 2 丸型で作る

パズルのようにギュウギュウに詰めて。見た目が美しく、くずれにくくなる

a

最後にひっくり返すので、このパイシートが底になる

b

口に入れたら一瞬で溶けちゃう、
ふわっふわ神食感。
ヨーグルトのさっぱりとした味わいが
チーズケーキに負けないおいしさ

Yogurt Soufflé Cake

ヨーグルトスフレケーキ

Level ★★☆

材料 （直径15cm丸型1台分）

卵黄 —— 3個分（約54g）
ギリシャヨーグルト（無糖）
　　　—— 200g
A ┌ 米油 —— 20g
　 └ 牛乳 —— 20g
レモン汁 —— 10g
バニラエッセンス —— 数滴
薄力粉 —— 40g
卵白 —— 3個分（約100g）
グラニュー糖 —— 70g

下準備

- 型にオーブンペーパーを敷く（P7参照）。水が入らないように型の底をアルミホイルで覆う
- 湯せん焼き用の温湯を用意する
- 卵は卵黄と卵白に分け、卵白は冷蔵庫で冷やしておく
- オーブンを110℃に予熱する

HIRO's Voice

- 水分が少ないギリシャヨーグルトを使うと、濃厚な味わいに
- 低温でじっくり焼いてから温度を上げて焼き色をつけます
- 焼き色がつかないときは焼き時間をプラスしてください
- オーブンによって差が出やすいので、様子を見ながら焼いてください。焼き時間とオーブンの温度は目安です
- 冷蔵庫で冷やして食べるのがおすすめです

作り方

1. ボウルに卵黄を入れ、ギリシャヨーグルトを加えて泡立て器でよく混ぜる。
2. **Aを加え**、さらに混ぜる。
3. レモン汁を加えて軽く混ぜ、バニラエッセンスを加える。
4. 薄力粉をふるい入れて粉けがなくなるまで混ぜる。
5. 別のボウルに卵白、グラニュー糖を入れ、**ハンドミキサーで泡立てる（生地がたらんと落ち、そのあとが少し残るくらいが目安）**(a)。仕上げに低速で1分ほど、ツヤが出るまで攪拌する。
6. 5のメレンゲの1/3量を4に加えてよく混ぜる。残りのメレンゲのボウルに加え、ゴムべらでメレンゲの筋がなくなるまで混ぜる。
7. 型に6を流し入れる。ゴムべらで表面をならし、さらに竹串で軽くかき混ぜる。
8. 型が入る大きさのバットに厚手のペーパー（またはふきん）を敷く。7をのせ、バットの約1.5cm深さまで温湯を注ぐ(b)。110℃に予熱したオーブンで30分焼く。一度オーブンを開け、蒸気を逃がす。型を180度回転させてさらに110℃で30分焼く。
9. **温度を160℃に上げ、焼き色がつくまでさらに5〜10分焼く**(c)。焼きあがったら、型からはずしてクーラーの上で冷ます。

油には生地をふわふわにする効果が。牛乳を加えると色よく仕上がる

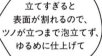

立てすぎると表面が割れるので、ツノが立つまで泡立てず、ゆるめに仕上げて

a

b

数分ごとに様子を見ながら型を回転させると、焼き色が均一になる

c

Part 2 丸型で作る

Column

失敗しないためのちいさなコツ②

～生クリーム・チョコ・ゼラチン編～

生クリームの乳脂肪分は調整できます

最寄りのスーパーで、ほしい乳脂肪分の生クリームが手に入らないことがあるかもしれません。そんなときは、35％と45〜47％の生クリームを1：1で混ぜると、約42％になります。

泡立てるときはラップで飛び散り防止

ハンドミキサーで生クリームを泡立てるときは、ボウルごとラップを覆いかぶせるのがおすすめです。飛び散るのを気にしなくていいからラク。

チョコに水けは厳禁。
道具は念入りにふくこと！

チョコ系スイーツは、余分な水けが加わると分離して失敗しています。洗ったボウルやゴムべらは、一度布類でふき、あらためてペーパーでふいてから使います。

ゼラチンは必ずふやかしましょう

粉ゼラチンは「水でふやかさなくてもOK」とパッケージに書いてあることがありますが、それでも、分量の水でふやかしてからほかの材料と混ぜることで、ダマになりにくく、まんべんなく混ざります。

Part 3 マフィン型で作る

基本のプレーンマフィンと
チョコやフルーツなどをプラスしたアレンジレシピ。
本来なら専用の型が必要なフィナンシェやシフォンケーキ風も焼けます。

※レシピはすべて一度に6個焼くことのできる直径7cmのマフィン型を
使用しています。生地が余った場合は、耐熱性の厚紙やアルミ製の
カップ、ココットなどに入れて焼いてください。

本当に混ぜるだけ。
驚くほど簡単で、
何度もリピート
したくなる！

Plain Muffin

プレーンマフィン

「プレーンでも、こんなにおいしいの!?」とびっくりしちゃうマフィン。
シンプルですが、アーモンドプードルを使うことでコクと風味がアップし、
飽きのこない味わいに仕上がります。

Level
★☆☆

材料 （マフィン型1台・6個分）

全卵 —— 1個（約50g）
グラニュー糖 —— 70g
米油 —— 70g
牛乳 —— 60g
A ［ 薄力粉 —— 100g
　　ベーキングパウダー —— 3g ］
アーモンドプードル —— 20g

下準備

- Aをボウルに入れ、泡立て器でよく混ぜる
- 型に紙カップを敷く
- オーブンを170℃に予熱する

Part 3 マフィン型で作る

HIRO's Voice

- グラニュー糖をきび砂糖に替えると味に奥行きが出て風味がアップします
- 米油を使うことで、ふっくらやわらかなマフィンに仕上がります。ない場合はサラダ油など無味無臭の植物油を使ってください
- 好みでバニラエッセンスを加えたり、くるみなどのナッツを散らしたりしても

マフィン型には、薄い紙（グラシン）カップを敷いて。型を使わず、耐熱性の厚紙やアルミ製のマフィンカップを使ってもOK。

プレーンマフィンの作り方

卵とグラニュー糖を混ぜる

ボウルに卵を割りほぐし、グラニュー糖を加えて泡立て器で白っぽくなるまで混ぜる。

最初はザラザラ感があるが、混ぜるうちにサラサラになり、少しもったりしてくる。しっかり混ぜることでふっくらと仕上がる

米油を加える

米油を少しずつ加え、その都度よく混ぜる。

牛乳を加える

牛乳を一気に加えてよく混ぜる。

合わせたAをふるい入れ、アーモンドプードルを加え、粉けがなくなるまでゴムべらで混ぜる。

型に入れる

4を絞り袋に入れ、型に等分に絞る（絞り袋がなければ、スプーンですくって入れる）。

絞り袋はコップなどにかぶせてから生地を流し入れると作業しやすい

オーブンで焼く

170℃に予熱したオーブンで18〜22分焼く。竹串を刺して、生の生地がついてこなければ焼きあがり。

トリプルチョコマフィン
（作り方P73）

バナナマフィン
（作り方P71）

りんご紅茶マフィン
（作り方P72）

おやつにも朝ごはんにも
活躍するマフィン3種。
気軽に作れるので、
いろいろな味を試してみて！

バナナマフィン

Level
★☆☆

材料 （マフィン型1台・6個分）

- バナナ —— 2本
- レモン汁 —— 5g
- 全卵 —— 1個（約50g）
- グラニュー糖 —— 70g
- 無塩バター —— 60g
- 牛乳 —— 70g
- A [薄力粉 —— 120g
      ベーキングパウダー —— 3g]

下準備

- Aをボウルに入れ、泡立て器でよく混ぜる
- 型に紙カップを敷く
- バターを耐熱ボウルに入れ、電子レンジ（600W）で1分、その後30秒ずつ様子を見ながら加熱して溶かす
- オーブンを170℃に予熱する

作り方

1. バナナは100gをボウルに入れてフォークの背やマッシャーでつぶし、残りは飾り用に12枚の輪切りにし、レモン汁をまぶす。

   （バナナは変色しやすいので、レモン汁で色止めを）

2. ボウルに卵を割りほぐし、グラニュー糖を加えて泡立て器で白っぽくなるまで混ぜる。

3. 溶かしバターを少しずつ加え、その都度よく混ぜる。

4. 牛乳、つぶしたバナナを順に加え、その都度よく混ぜる。

5. 合わせたAをふるい入れ、粉けがなくなるまでゴムべらで混ぜる。

6. 5を絞り袋に入れ、型に等分に絞る（絞り袋がなければ、スプーンですくって入れる）。飾り用のバナナをペーパーで水気をふきとってから2枚ずつのせる。

7. 170℃に予熱したオーブンで18〜22分焼く（a）。竹串を刺して、生の生地がついてこなければ焼きあがり。

HIRO's Voice

- バナナは皮に黒い斑点が出てきた完熟バナナがおすすめです
- グラニュー糖はきび砂糖に替えると、よりコクが出ます

a

Banana Muffin

りんご紅茶マフィン

Level
★☆☆

材料 （マフィン型1台・6個分）

〈クランブル〉
薄力粉 —— 12g
A [グラニュー糖 —— 12g
    アーモンドプードル —— 12g]
米油 —— 10〜12g

〈生地〉
全卵 —— 1個（約50g）
グラニュー糖 —— 70g
米油 —— 70g
牛乳 —— 70g
B [薄力粉 —— 120g
    ベーキングパウダー —— 2g]
紅茶の茶葉（アールグレイ） —— 約2g
りんご —— 100g

下準備

- Bをボウルに入れ、泡立て器でよく混ぜる
- 型に紙カップを敷く
- オーブンを170℃に予熱する

HIRO's Voice

- りんごはあれば紅玉など、酸味のある品種がおすすめです

作り方

1. クランブルを作る。ボウルに薄力粉をふるい入れ、Aを加えて泡立て器で混ぜる。米油を少し残して加え、手で混ぜる。残りの米油を少しずつ加え、そぼろ状にする（パサつく場合は米油を足す）(a)。

2. 生地を作る。ボウルに卵を割りほぐし、グラニュー糖を加えて泡立て器で白っぽくなるまで混ぜる。

3. 米油を少しずつ加え、その都度よく混ぜる。牛乳を一気に加え、均一になるまで混ぜる。

4. 合わせたBをふるい入れ、紅茶の茶葉を加え、粉けがなくなるまでゴムべらで混ぜる。

5. 4を絞り袋に入れ、型に等分に絞る（絞り袋がなければ、スプーンですくって入れる）。りんごを皮つきのまま薄切りにしてのせ、1を散らす。

6. 170℃に予熱したオーブンで18〜22分焼く。竹串を刺して、生の生地がついてこなければ焼きあがり。

> 米油は気温や湿度、粉の状態によって適量が変わるので、一気に全量を加えず様子を見ながら

a

Apple Tea Muffin

トリプルチョコマフィン

Level
★☆☆

材料 （マフィン型1台・6個分）

板チョコレート（ブラック）—— 60g
無塩バター —— 100g
牛乳 —— 50g
全卵 —— 2個（約100g）
グラニュー糖 —— 70g
A ┌ 薄力粉 —— 130g
  │ ココアパウダー —— 20g
  └ ベーキングパウダー —— 3g
アーモンドプードル —— 20g
耐熱チョコチップ —— 20g

下準備

- チョコレートは包丁で刻む
- Aをボウルに入れ、泡立て器でよく混ぜる
- 型に紙カップを敷く
- オーブンを170℃に予熱する

HIRO's Voice

- ココアとチョコ、チョコチップを使ったトリプルチョコで、濃厚な味わいのマフィンです
- 無塩バターの代わりに有塩バターを使用すると、香ばしく仕上がります

作り方

1. 耐熱ボウルに刻んだチョコ、バター、牛乳を入れ（a）、電子レンジ（600W）で30秒ずつ3回に分けて加熱し、その都度ボウルを揺すってなじませる。泡立て器で中心から徐々に混ぜ、ツヤが出たらOK。

2. ボウルに卵を割りほぐし、グラニュー糖を加えて泡立て器で白っぽくなるまで混ぜる。

3. 2を1に2回に分けて加え（b）、その都度均一になるまで混ぜる。

4. 合わせたAをふるい入れ、アーモンドプードルを加え、粉けがなくなるまでゴムべらで混ぜる。

5. 4を絞り袋に入れ、型に等分に絞る（絞り袋がなければ、スプーンですくって入れる）。チョコチップを散らす。

6. 170℃に予熱したオーブンで20〜25分焼く。竹串を刺して、生の生地がついてこなければ焼きあがり。

> チョコは焦げやすいので一気に加熱せず、こまめに様子を見て

a

b

Triple Chocolate Muffin

冷やすとおいしいマフィン。
さわやかなヨーグルトの風味と
ブルーベリーの果肉感がたまりません

Blueberry Yogurt Muffin

ブルーベリーヨーグルトマフィン

Level
★☆☆

材料 （マフィン型1台・6個分）

全卵 —— 1個（約50g）
はちみつ —— 10g
グラニュー糖 —— 70g
米油 —— 50g
A [薄力粉 —— 170g
    ベーキングパウダー —— 6g]
プレーンヨーグルト（無糖）—— 180g
アーモンドプードル —— 20g
冷凍ブルーベリー —— 130g
溶けない粉糖 —— 適量

下準備

- Aをボウルに入れ、泡立て器でよく混ぜる
- 型に紙カップを敷く
- オーブンを170℃に予熱する

HIRO's Voice
- 冷凍ブルーベリーは生ブルーベリーを使ってもOK
- ヨーグルトを加えることで生地がしっとりと仕上がります

作り方

1. ボウルに卵を割りほぐし、はちみつ、グラニュー糖を加えて泡立て器で白っぽくなるまで混ぜる。

2. 米油を少しずつ加え、その都度よく混ぜる。入れ終わったらもったりするまでよく混ぜる。

3. 合わせたAの半量をふるい入れ、粉けがなくなるまで混ぜる。ヨーグルトを加えて混ぜる。

4. 残りのAをふるい入れ、アーモンドプードルを加えて混ぜ、粉けがなくなったら冷凍ブルーベリーを凍ったまま加え、ゴムべらでやさしく混ぜる。

5. マーブル状に混ざったら絞り袋に入れ、型に等分に絞る（絞り袋がなければ、スプーンですくって入れる）。

6. 170℃に予熱したオーブンで25～30分焼く。竹串を刺して、生の生地がついてこなければ焼きあがり。型から出し、粗熱がとれたらラップで包み、冷蔵庫に入れて2～3時間冷やす。茶こしで粉糖をふる。

> 米油を一気に加えると分離してしまうことも。少しずつ混ぜながら加える

> 粉類は2回に分けて加えると、均一に混ざりやすく、口溶けがよくなる

Part 3 マフィン型で作る

中にはブルーベリーがぎっしり。バター不使用なのでさっぱり食べられます。

抹茶好きの
パティシエが
濃厚な抹茶の風味を
楽しむために
作ったマフィンです

Double Matcha Muffin

ダブル抹茶マフィン

Level
★☆☆

材料 （マフィン型1台・6個分）

全卵 —— 1個（約50g）
グラニュー糖 —— 50g
米油 —— 60g
板チョコレート（ホワイト） —— 40g
牛乳 —— 60g
A ┌ 薄力粉 —— 100g
  │ ベーキングパウダー —— 3g
  └ 抹茶パウダー —— 10g
〈アイシング〉
B ┌ 粉糖 —— 50g
  └ 抹茶パウダー —— 2g
水 —— 10g

下準備

● チョコレートは包丁で刻む
● Aをボウルに入れ、泡立て器でよく混ぜる
● 型に紙カップを敷く
● オーブンを170℃に予熱する

HIRO's Voice

● アイシングはゆるめの配合です。好みで調整してください
● 仕上げにホイップクリームを添えても

作り方

1. 耐熱ボウルに刻んだチョコ、牛乳を入れ、電子レンジ（600W）で30秒ずつ2回に分けて加熱し、その都度泡立て器で混ぜる。チョコが溶けたらOK。

   焦げないように様子を見ながら。溶け残りがあっても少しなら余熱で溶ける

2. ボウルに卵を割りほぐし、グラニュー糖を加えて泡立て器で白っぽくなるまで混ぜる。

3. 米油を少しずつ加え、その都度よく混ぜる。

4. 1を加えて混ぜる。Aをふるい入れ、粉けがなくなるまで混ぜる。

   溶かしておいたチョコと牛乳は一気に加えて。勢いよく混ぜると飛び散るのでやさしく混ぜる

5. 4を絞り袋に入れ、型に等分に絞る（絞り袋がなければ、スプーンですくって入れる）。

6. 170℃に予熱したオーブンで18〜22分焼く。竹串を刺して、生の生地がついてこなければ焼きあがり。型から出してクーラーの上で冷ます。

7. アイシングを作る。ボウルにBを入れ、分量の水を加えて泡立て器でツヤが出るまで混ぜる。6に等分にかける（a）。

Part 3 マフィン型で作る

a

生クリームシフォンケーキ

軽い食感の"飲める"スイーツ。
ふんわりケーキと
たっぷりクリームはまさに幸せの味♡

Cream Chiffon Cake

材料 （マフィン型1台・6個分）

卵黄 —— 2個分（約36g）
グラニュー糖 —— 5g（手順1で使用）
米油 —— 5g
水 —— 20g
バニラエッセンス —— 3〜4滴
薄力粉 —— 40g
卵白 —— 3個分（約100g）
グラニュー糖 —— 25g（手順3で使用）
〈仕上げ〉
生クリーム（40〜42%）—— 200g
グラニュー糖 —— 16g
溶けない粉糖 —— 適量

下準備

- 卵白は冷蔵庫で冷やしておく
- 型に紙カップを敷く
- オーブンを170℃に予熱する

Level
★★★

HIRO's Voice

- 食べきりサイズがうれしいシフォンケーキ。生クリームはたっぷり絞りましょう

作り方

1. ボウルに卵黄を入れてほぐし、グラニュー糖5gを加え、白っぽくなるまで泡立て器で混ぜる。米油を少しずつ加え、その都度よく混ぜる。分量の水を少しずつ加え、その都度よく混ぜる。バニラエッセンスを加えて混ぜる。

   > 米油と水は一気に加えると分離してしまうことも。少しずつ混ぜながら加えるといい

2. 薄力粉をふるい入れ、粉けがなくなるまで混ぜる。

3. メレンゲを作る。別のボウルに卵白、グラニュー糖25gを入れ、ハンドミキサーの高速でツノが立つまで泡立てる。仕上げに低速で1分ほど撹拌し、キメをととのえる。

   > 卵白は冷たいほうがキメが細かくなるので、泡立てる直前まで冷蔵庫に入れておく

4. 3を泡立て器でひとすくい2に加え、よく混ぜたら、残りの3と合わせ、均一になるまでさっくりと混ぜる。

5. 4を絞り袋に入れ、型に等分に絞る（絞り袋がなければ、スプーンですくって入れる）。

6. 170℃に予熱したオーブンで12〜16分焼く。竹串を刺して、生の生地がついてこなければ焼きあがり。型から出してクーラーの上で冷ます。

7. ボウルに生クリームとグラニュー糖を入れ、ボウルの底を氷水にあてながら、七〜八分立てに泡立てる。丸口金をつけた絞り袋に入れる。

   > 口金は、あれば6号がおすすめ

8. 6に竹串で穴をあけて（a）、7のクリームを絞り入れる（b）。ケーキの上にもクリームを絞る。茶こしで粉糖をふる。

a

b

Financier

専用の型がなくても作れる人気スイーツ。
パティスリーのあの味をおうちで
簡単に再現できます！

フィナンシェ

Level
★★☆

下準備 （プレーン・キャラメルナッツ共通）

- 卵白は常温に戻す
- Aをボウルに入れ、泡立て器でよく混ぜる
- 型に常温に戻したバター適量（分量外）を塗る
- オーブンを180℃に予熱する

HIRO's Voice

- 一見難しそうですが、焦がしバターとキャラメルさえ作れば、あとは混ぜるだけ。意外と簡単です
- 発酵バターで作るのもおすすめです。バターの焦がし具合で味が変わるので、いろいろ試してみてください
- 焼いた翌日以降のほうがしっとりしておいしく食べられます

プレーンフィナンシェ

材料 （マフィン型1台・6個分）

卵白 —— 40g
グラニュー糖 —— 35g
はちみつ —— 5g
A [薄力粉 —— 14g
    アーモンドプードル —— 21g]
無塩バター —— 45g

作り方

1. 鍋にバターを入れ、弱火にかける。ときどき火からはずして軽く揺する。気泡が小さくなり、茶色になったら火を止めてボウルに移す（a）。
2. ボウルに卵白を入れ、泡立て器でよく溶きほぐす。グラニュー糖、はちみつを加えて混ぜる。
3. 合わせたAをふるい入れ、粉けがなくなるまで混ぜる。1の半量を加え、均一になるまで混ぜる。残りの1を加え、ゴムべらで均一になるまで混ぜる。
4. 3を絞り袋に入れて、型に等分に絞る（絞り袋がなければ、スプーンですくって入れる）。
5. 180℃に予熱したオーブンで10～14分焼く。全体が色づいたら焼きあがり。型から出してクーラーの上で粗熱をとる。

> 余熱で火が入るので、鍋に入れっぱなしにしない

> 卵白は泡立てる必要ナシ。コシがきれてサラサラになればOK

a

キャラメルナッツフィナンシェ

材料 （マフィン型1台・6個分）

〈生地〉
卵白 —— 40g
グラニュー糖 —— 30g
A [薄力粉 —— 21g
    アーモンドプードル —— 21g]
無塩バター —— 20g
〈キャラメル〉
グラニュー糖 —— 30g
生クリーム（35％） —— 30g

ミックスナッツ —— 約25g

作り方

1. 耐熱ボウルにバターを入れ、電子レンジ（600W）で30秒加熱する。
2. キャラメルを作る。別の耐熱ボウルに生クリームを入れ、電子レンジ（600W）で30秒加熱する。
3. 鍋にグラニュー糖30gの1/4量を入れ、弱めの中火にかける。泡立て器で混ぜながら溶かす。薄く色づいてきたら残りのグラニュー糖の1/3量を加え、混ぜながら溶かす（b）。これを2回繰り返し、キャラメル色になったら火を止める。
4. 温めた2を2回に分けて加え、その都度よく混ぜ、ボウルに移す。
5. 生地を作る。ボウルに卵白を入れ、泡立て器でよく溶きほぐす。グラニュー糖30gを加えてよく混ぜる。
6. 合わせたAをふるい入れ、粉けがなくなるまで混ぜる。1の半量を加え、均一になるまで混ぜる。残りの1を加えてゴムべらで混ぜ、4を加えて均一になるまで混ぜる。
7. 6を絞り袋に入れ、型に等分に絞る（絞り袋がなければ、スプーンですくって入れる（c））。粗く砕いたナッツを散らす。
8. 180℃に予熱したオーブンで10～14分焼く。全体が色づいたら焼きあがり。型から出してクーラーの上で粗熱をとる。

> キャラメルで風味がつくので、バターは溶かすだけでOK

b

c

Part 3 マフィン型で作る

Chocolate Fondant

小麦粉を使わずに作れる簡単チョコレート菓子。温かいままでも、冷やしてもおいしい!

フォンダンショコラ

Level ★☆☆

材料 （マフィン型1台・6個分）

板チョコレート（ブラック） ── 60g
無塩バター ── 60g
きび砂糖 ── 70g
ココアパウダー ── 20g
全卵 ── 2個（約100g）

HIRO's Voice

- 生地と中のガナッシュを別々に作る方法もありますが、このレシピは材料を順に加えて混ぜるだけなのでとっても簡単
- 温かくても、常温でも、冷蔵庫で冷やしてもおいしい。温めなおすときは、電子レンジ（600W）で20～30秒ずつ、様子を見ながら加熱してください

下準備

- 卵は常温に戻す
- チョコレートは包丁で刻む
- 型に紙カップを敷く
- オーブンを180℃に予熱する

作り方

1. ボウルに卵を割りほぐす。

2. 耐熱ボウルに刻んだチョコとバターを入れ、電子レンジ（600W）で30秒ずつ3回に分けて加熱する。その都度ボウルを揺すってなじませる。泡立て器で中心から徐々に混ぜ、ツヤが出たらOK。

3. きび砂糖、ココアパウダーを順に加えてその都度よく混ぜる。

4. 1を2回に分けて加え、その都度よく混ぜる（a）。

5. 4を絞り袋に入れ、型に等分に絞る（b）（絞り袋がなければ、スプーンですくって入れる）。

6. 180℃に予熱したオーブンで12～16分焼く。表面がひび割れたら焼きあがり（c）。

卵は好みでこし器などでこすと口あたりがよくなる

a

b

焼きたてはふくらんでいるが、冷めると中央がへこむ。熱いうちは形がくずれやすいので気をつけて

c

Part 3 マフィン型で作る

失敗しないためのちいさなコツ③
~仕上げ編~

丸型ケーキを型からはずすときは……

やわらかいケーキの場合はとくに、型からはずすときに注意が必要。型よりも高さがあり、安定したコップや缶などの上に型を置き、ゆっくりと型の側面を下げるとケーキをくずさずに型からはずすことができます。

シロップはケーキを横に倒して塗る

パウンドケーキの仕上げにシロップを塗るとき、側面はケーキを横に倒して塗ってください。立てたままではケーキにシロップがしみこみにくいので、しっとりと仕上げるために行います。

ナイフを軽くあぶるときれいに切れる！

チョコや生クリームが多めのお菓子、またはゼラチンを使ったスイーツを切るときは、ナイフをガスコンロの火で軽くあぶってから。表面が少し溶けて、きれいに切ることができます。1切れ切るごとにペーパーでナイフをふくのも忘れずに。

オーブンペーパーで作る「コルネ」

チョコレートやアイシングでデコレーションをするときに使うのが「コルネ」。オーブンペーパーを長方形に切り、その対角線で三角形に切ります。長辺の中央あたりを支点にして (a)、その支点を尖らせながら巻きます (b)。好みのサイズになったら端を内側に折り込んで留めてください。

Part

4 型なしで作る

クッキーやパンケーキなど、
型がいらないスイーツレシピです。
グラスで作るひんやりスイーツも。

Diamant Cookie

口に入れた瞬間の
サクホロ食感に感動！
簡単に作れて日もちするので、
プレゼントにもぴったり

ディアマンクッキー
(プレーン・紅茶)

Level
★☆☆

材料 (プレーン味約30個分)

無塩バター —— 80g
グラニュー糖 —— 40g
卵黄 —— 1個分 (約18g)
バニラエッセンス —— 3〜4滴
A [薄力粉 —— 55g
    強力粉 —— 55g]
〈仕上げ〉
グラニュー糖 —— 適量

下準備

- バターは常温に戻す
- Aをボウルに入れ、泡立て器でよく混ぜる
- オーブンを170℃に予熱する
  (4で生地を冷凍庫で休ませている間に)

HIRO's Voice

- 「ディアマン」はフランス語で「ダイヤモンド」という意味。グラニュー糖がキラキラしていることからその名がついたと言われています
- 薄力粉と強力粉の両方を使うことでザクッとした食感になります

作り方 (プレーン・紅茶共通)

1. ボウルにバターを入れ、ゴムべらでなめらかになるまで混ぜる。グラニュー糖を加えてすり混ぜる。

2. 均一になったら卵黄、バニラエッセンスを加え、その都度混ぜる。**Aをふるい入れ、切るように混ぜる。**

   （粉を加えたら、あまり練らないようにやさしく混ぜて）

3. 粉けがなくなったら手でまとめ、ラップをして冷蔵庫で1時間30分ほどおく。

4. 3を取り出し、軽くもんでやわらかくする。空気を抜きながら直径約3cmの棒状にのばす。ラップで包んで転がし、表面を整え (a)、冷凍庫に入れて30分ほど冷やす。

a

5. 4の表面に水をハケで薄く塗り (b)、**グラニュー糖をまぶす** (c)。

   （ラップの上にグラニュー糖を広げ、生地を強めに押しつけるようにコロコロ転がすとよい）

b

6. 5を1.5cm厚さに切り、オーブンペーパーを敷いた天板に並べ、170℃に予熱したオーブンで12〜20分焼く。周りにうっすらと焼き色がついたら焼きあがり。

c

紅茶味の作り方

上記作り方2のタイミングで、紅茶の茶葉 (アールグレイ・細かく刻む) 約2gを加える

Part 4 — 型なしで作る

Chocolate Sandwich Cookie

サクサクの
クッキー生地にはさんだ
濃厚な生チョコがたまらない
自慢の一品

生チョコサンドクッキー

Level ★★☆

材料 (6個分)

〈生チョコ〉
板チョコレート(ブラック) —— 150g
生クリーム(35%) —— 70g

〈生地〉
無塩バター —— 60g
粉糖 —— 40g
全卵 —— 15g
A [薄力粉 —— 75g
    ココアパウダー —— 10g]
アーモンドプードル —— 40g

下準備

- 卵、バターは常温に戻す
- Aをボウルに入れ、泡立て器でよく混ぜる
- オーブンを170℃に予熱する
  (5で生地を冷凍庫で休ませている間に)

作り方

1. 生チョコを作る。チョコレートは細かく刻み、耐熱ボウルに入れる。生クリームを加え、電子レンジ(600W)で30秒加熱する。一度取り出してボウルを軽く揺すり、再度電子レンジで30秒加熱する。中心からゴムべらで混ぜ、ツヤが出てきたら徐々に円を大きくして全体を混ぜる。

2. バットにラップを敷いて1を約11×14cmの長方形に広げ、ラップで包み、冷蔵庫に入れて3時間ほど冷やし固める。

3. 生地を作る。常温に戻したバターをボウルに入れ、なめらかになるまでゴムべらで練る。粉糖、卵を順に加え、均一になるまでその都度よく混ぜる。

4. Aをふるい入れ、アーモンドプードルを加え、粉けがなくなるまで混ぜる。生地を約12×15cmの長方形に形を整え、ラップで包み、冷蔵庫に入れて1〜2時間おく。

5. 麺棒で13.5×18cm以上にのばす。ラップで包み、冷凍庫に入れて30分(または冷蔵庫で1時間)ほど冷やす。

6. 5の端を切り落として、4.5cm角を12枚切る。

7. オーブンペーパーを敷いた天板に並べ、170℃に予熱したオーブンで12〜16分焼く。色が濃くなり、裏側に焼き色がついたら焼きあがり。クーラーの上で粗熱をとる。

8. 2の端を切り落として4.5cm角を6個切る(a)。7ではさむ(b)。

HIRO's Voice

- 生地は端を切り落とすことで、きれいな四角形に仕上がります
- 余った生地は冷凍保存可能。そのまま焼いてクッキーとして食べても
- サンドするクッキーの内側、または生チョコをチョコレート(分量外)でコーティングするとサクサク食感が長もちします(P23参照)

Part 4 型なしで作る

最初はかたいので、叩きながらのばしてひび割れを防いで。打ち粉をふると作業しやすい

a

生チョコはナイフを温めながらカットするときれいに切れる

b

表面のひび割れが特徴のクッキー。
溶かしバターで作れてとにかく簡単！
ビギナーにもおすすめです

Brownie Cookie

ブラウニークッキー

Level
★☆☆

材料 （約9個分）

無塩バター —— 30g
板チョコレート（ブラック）—— 110g
全卵 —— 1個（約50g）
きび砂糖 —— 50g
A ［薄力粉 —— 60g
　　ベーキングパウダー —— 3g］
板チョコレート（ブラック・後入れ用）—— 40g

下準備

- Aをボウルに入れ、泡立て器でよく混ぜる
- オーブンを170℃に予熱する
  （4で生地を冷凍庫で休ませている間に）

HIRO's Voice

- ブラウニーとクッキーの中間のようなお菓子。やわらかく、しっとりとした食感が特徴です

作り方

1. バター、チョコレートはひと口大に切り、耐熱ボウルに入れる。電子レンジ（600W）で1分加熱する。一度取り出してボウルを軽く揺すり、再度電子レンジで30秒加熱して混ぜる。

2. 別のボウルに卵を割りほぐし、きび砂糖を入れ、泡立て器で白っぽくもったりするまで混ぜる。1を加え、よく混ぜる。

3. 均一になったらAをふるい入れ、粉けがなくなるまでゴムべらでよく混ぜる。

4. 後入れ用のチョコを細かく刻んで加え、さっくりと混ぜたらラップをかけてボウルごと冷蔵庫に入れ、15分ほどおく。

5. 天板にオーブンペーパーを敷き、スプーンで生地を約1/9量ずつすくって並べる（a）。

6. 170℃に予熱したオーブンで10〜14分焼く。表面がひび割れて、裏側にうっすらと焼き色がついたら焼きあがり。そのまま粗熱をとる。

> 刻んだチョコレートを加えることで、チョコの風味がよりリッチに

> 焼くと生地が広がるので、間隔をあけて並べる

Part 4　型なしで作る

a

少ない材料で手軽に作れる
イギリスのお菓子。
シンプルだからこそ
飽きのこない味わい

Shortbread

ショートブレッド

Level
★☆☆

材料 (8個分)

無塩バター —— 70g
A ┌ グラニュー糖 —— 30g
　├ 塩 —— ひとつまみ
　└ バニラエッセンス —— 2〜3滴
薄力粉 —— 120g

下準備

- バターは常温に戻す
- オーブンを160℃に予熱する
（3で生地を冷蔵庫で休ませている間に）

作り方

1. ボウルにバターを入れ、ゴムべらでなめらかになるまで混ぜ、Aを加えてすり混ぜる。
2. 均一になったら薄力粉をふるい入れ、さっくりと混ぜる。
3. 粉けがなくなったら手でまとめ、ラップで包む。麺棒で約14×17×厚さ1cmの長方形に形を整え（a）、冷蔵庫に入れて1時間〜1時間30分おく。
4. 3の端を切り落とし、長辺を2等分、短辺を4等分に切る（b）。表面に竹串の頭で穴をあける（c）。
5. オーブンペーパーを敷いた天板に並べ、160℃に予熱したオーブンで18〜23分焼く。表面にうっすらと焼き色がついたら焼きあがり。クーラーの上で粗熱をとる。

> サイズは目安。最終的にきれいな長方形になるよう成形する

> 端を切り落とすことで形がきれいに

HIRO's Voice

- 塩はなくてもOKですが、加えると味が引き締まります
- あれば発酵バターを使うと、よりリッチな味わいに

Part 4

型なしで作る

a

b

c

ころんとした見た目が
愛らしいクッキー。
サクサク、ホロホロの
食感がたまらない！

Snowball Cookie

スノーボールクッキー
（抹茶・ココア）

Level
★☆☆

材料 （抹茶味約20個分）

無塩バター —— 70g
A ┌ 粉糖 —— 30g
　└ 塩 —— ひとつまみ
B ┌ 薄力粉 —— 80g
　└ 抹茶パウダー —— 10g
アーモンドプードル —— 40g
〈仕上げ〉
粉糖 —— 25g

下準備

- バターは常温に戻す
- Bをボウルに入れ、泡立て器でよく混ぜる
- オーブンを170℃に予熱する
  （3で生地を冷蔵庫で休ませている間に）

作り方 （抹茶・ココア共通）

1. ボウルにバターを入れ、ゴムべらでなめらかになるまで混ぜる。**Aを加えてすり混ぜる。**

2. 均一になったらBをふるい入れ、アーモンドプードルを加え、切るように混ぜる（a）。

3. 粉けがなくなったら手でまとめ、ラップで包んで冷蔵庫に入れ、2〜3時間おく。

4. 生地を10〜12gずつに分ける。オーブンペーパーを敷いた天板に、**生地をボール状に成形しながら並べる**（b）。

   > 焼くと生地が広がるので、間隔をあけて並べる

5. 170℃に予熱したオーブンで17〜20分焼く。裏側にうっすらと焼き色がついたら焼き上がり。クーラーの上で粗熱をとり、仕上げ用の粉糖をまぶす（c）

a

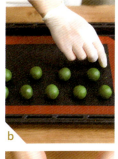
b

c

ココア味の作り方

上記作り方2のタイミングで、抹茶パウダーの代わりにココアパウダー10gを加える

HIRO's Voice

- 抹茶やココアなしでも、プレーンクッキーとして楽しめます
- スノーボールの独特の食感は粉糖によるもの。グラニュー糖で代用可能ですが、あれば粉糖を使ってください

Part 4

型なしで作る

Plain Scone

混ぜて焼くだけ！
一番簡単で、一番おいしい
しっとりスコーン

プレーンスコーン

Level
★☆☆

材料 (6個分)

A ┌ 薄力粉 —— 220g
　└ ベーキングパウダー —— 7g
B ┌ グラニュー糖 —— 35g
　└ 塩 —— ひとつまみ
無塩バター —— 90g
プレーンヨーグルト(無糖) —— 50g
全卵 —— 40g
表面に塗る溶き卵 —— 10g

下準備

- Aをボウルに入れ、泡立て器でよく混ぜる
- オーブンを190℃に予熱する
（6で生地を冷蔵庫で休ませている間に）

HIRO's Voice

- 溶かしバターを使うことで、手間を省いた簡単レシピです
- 薄力粉の一部（10～50％）を強力粉に替えるとザクザクとした食感に仕上がります
- 生地は端を切り落とすことで、きれいな四角形に仕上がります。余った生地は丸めて一緒に焼いて

作り方

1. 耐熱ボウルにバターを入れ、電子レンジ（600W）で1分、その後30秒ずつ様子を見ながら加熱して溶かす。

2. 別のボウルにAをふるい入れ、Bを加えて泡立て器で混ぜる。

3. 1にヨーグルトを加え、泡立て器で混ぜる。

> バターの温度は人肌くらいが目安。冷たすぎる場合はレンジで軽く温めて

4. 均一になったら溶きほぐした卵を少しずつ加え、その都度よく混ぜる。

5. 2に4の半量を加え、ゴムべらで軽く混ぜたら残りの4を加え、切るように混ぜる。

> 練るとグルテンが出て食感が悪くなる。ボウルの底からすくい上げるように混ぜる

6. 粉けがなくなったら手でまとめ、長方形に形を整え、ラップで包んで冷蔵庫に入れ、1時間30分ほどおく。

7. 麺棒で約11×17cm、約2cm厚さの長方形にのばす（a）。生地がベタつく場合は薄力粉10g（分量外）を足す。端を切り落とし、長辺を3等分、短辺を2等分に切る。

8. 天板にオーブンペーパーを敷いて並べる。余った生地も丸めて並べる（b）。ハケで溶き卵を表面に塗り、190℃に予熱したオーブンで13～20分焼く。裏面に焼き色がついたら焼きあがり。クーラーの上で粗熱をとる。

> 2段焼きオーブンの場合は、下段で焼き始め、10分ほどで様子を見る。焼き色が足りなければ上段にして焼く

a

b

Part 4 型なしで作る

Chunk Scone

人気コーヒーショップの
あの味を再現。外はザクッと、
中はしっとりした食感に
ハマること間違いなし！

チャンクスコーン

Level
★☆☆

材料 （6個分）

A ┌ 薄力粉 —— 200g
　└ ベーキングパウダー —— 8g
B ┌ グラニュー糖 —— 20g
　└ 塩 —— 1g
無塩バター —— 60g
牛乳 —— 100g
板チョコレート（ブラック） —— 70g

下準備

- Aはあわせてふるい、冷蔵庫に入れて冷やしておく
- バターは1cm角に切り、牛乳は計量し、冷蔵庫に入れて冷やしておく
- オーブンを190℃に予熱する
（5で生地を冷蔵庫で休ませている間に）

作り方

1. チョコレートは包丁で粗く刻む。
2. 冷やしておいたAにBを加えて泡立て器で混ぜる。
3. 冷やしておいたバターを加え、カードでバターを細かく刻むようにしながら混ぜる（a）。
4. バターが米粒程度になったら牛乳を加え、やさしく切るように混ぜる。生地がまとまり始めたら1を加え、切るようにして混ぜる（b）。
5. 粉けがなくなり、生地がまとまったらラップで包み、冷蔵庫に入れて1時間ほどおく。
6. 麺棒で約2cm厚さの円形にのばす。生地がベタつく場合は打ち粉（薄力粉・分量外）適量をふる。放射状に6等分に切る。
7. オーブンペーパーを敷いた天板に並べ、190℃に予熱したオーブンで約20分焼く。裏面に焼き色がついたら焼きあがり。クーラーの上で粗熱をとる。

> 材料は使う直前まで冷やしておくと、ベタつかず、サクッとした仕上がりに

> 生地を半分に切って重ねる、を繰り返し、チョコレートを全体に行きわたらせる

> 2段焼きオーブンの場合は、下段で焼き始め、10分ほどで様子を見る。焼き色が足りなければ上段にして焼く

HIRO's Voice

- バターが溶けないように、ほかの材料を冷やしておくのがポイントです

Part 4　型なしで作る

a

b

ミルクパンナコッタに
さわやかなレモンジュレがぴったり！
混ぜて冷やすだけの
ひんやりスイーツ

Lemon Panna Cotta

レモンパンナコッタ

Level
★☆☆

材料 （容量200mlのグラス4個分）

〈パンナコッタ〉
牛乳 —— 200g
グラニュー糖 —— 50g
A [冷水 —— 25g
　　粉ゼラチン —— 5g]
B [牛乳 —— 100g
　　生クリーム（35％）—— 100g]

〈レモンジュレ〉
はちみつ —— 20g
水 —— 100g
C [冷水 —— 25g
　　粉ゼラチン —— 5g]
レモン汁 —— 1個分

〈トッピング〉
レモン（いちょう切り）—— 4枚
ミントの葉 —— 適量

下準備

- A、Cはそれぞれ冷水にゼラチンをふり入れてふやかし、冷蔵庫で冷やしておく
- Bは計量し、冷蔵庫で冷やしておく
- レモンはトッピング用にスライス1枚を取り分けておき、残りは果汁を絞る

作り方

1. パンナコッタを作る。鍋に牛乳、グラニュー糖を入れて中火にかけ、泡立て器で混ぜながら沸騰する直前まで温める。

2. 火を止めてふやかしたAを加え、よく混ぜる。ゼラチンが溶けたらBを加えて混ぜる。

3. 茶こしなどでこしながらグラスに等分に注ぎ入れる。冷蔵庫に入れ、4～5時間冷やす。

4. レモンジュレを作る。鍋にはちみつ、分量の水を入れて中火にかけ、泡立て器で混ぜながら沸騰する直前まで温める。

5. 火を止めてふやかしたCを加え、よく混ぜる。ゼラチンが溶けたらレモン汁を加えて混ぜ、茶こしなどでこしながらバットや保存容器などに注ぎ入れる。冷蔵庫に入れ、4～5時間冷やす。

6. 固まったら容器から取り出し、包丁で刻む（a）。

7. 3に6をのせ（b）、レモン、ミントの葉を飾る。

> グラニュー糖は焦げやすいので、底からかき混ぜて

> 冷やしておいた牛乳と生クリームを加えることで、氷水にあてて冷やす手間を省く

HIRO's Voice

- 容器は好みのものでOK。ココットやマグカップでも作れます
- レモンジュレは、包丁で刻む代わりに、フォークでかき混ぜてくずしても

a

b

Part 4 型なしで作る

ひと口食べれば
口の中でシュワッととろける
しっとりふわふわパンケーキ。
毎日作りたくなる！

Souffle Pancake

スフレパンケーキ

材料 （3枚分）

卵黄 —— 2個分（約36g）
牛乳 —— 24g
A [薄力粉 —— 35g
    ベーキングパウダー —— 1g]

卵白 —— 2個分（約70g）
レモン汁 —— 1g
グラニュー糖 —— 25g
米油（またはサラダ油）—— 適量

〈仕上げ〉
溶けない粉糖、メープルシロップ、バターなど
—— 各適量

Level ★★★

下準備

- Aをボウルに入れ、泡立て器でよく混ぜる
- 卵白は冷蔵庫で冷やしておく
- フッ素樹脂加工のフライパンに薄く米油を塗る
- 絞り袋、濡れぶきん、水と小さじを用意する

作り方

1. ボウルに卵黄、牛乳を入れ、泡立て器でよく混ぜる。均一になったらAをふるい入れ、粉けがなくなるまで混ぜる。

2. 別のボウルに卵白、レモン汁、グラニュー糖少量を入れ、ハンドミキサーで泡立てる。

3. 白っぽくなったら残りのグラニュー糖の1/3量を加え、泡立てる。泡が細かくなってきたら残りのグラニュー糖の1/2量を加えて泡立て、筋が残るくらいになったら残りのグラニュー糖を加えて泡立てる（ツノがピンと立つくらいが目安）(a)。

4. 3をゴムべらでひとすくい1に加え、よく混ぜたら、残りの3と合わせ、さっくりと混ぜる(b)。均一になったら絞り袋に入れる。

5. パンケーキを焼く。米油を塗ったフライパンを中火にかけ、少し煙が立ったら一度火からはずしてフライパンの底を濡れぶきんにあて、温度を下げる。ごく弱火にして4の1/2量を直径約8cmの大きさに3つ絞る。水小さじ2を回し入れ、ふたをして2分ほど焼く。

6. 残りの4を5の上に重ねて絞る(c)。水小さじ2を回し入れ、ふたをしてさらに4〜6分焼く。上下を返して水小さじ2を回し入れ、ふたをしてさらに3〜4分焼く。

7. 器に盛って粉糖、メープルシロップをかけ、バターをのせる。

HIRO's Voice

- ベーキングパウダーとレモン汁はなくてもOK。ただし、パンケーキがしぼみやすくなります
- しっかりした強いメレンゲがこのパンケーキのポイント。ほかのお菓子とはメレンゲの作り方が異なるので、気をつけてください
- フライパンは直径30cmのものを使用。フライパンが小さい場合は2回に分けて焼く。ホットプレートを使用してもOK

> 最初にレモン汁とグラニュー糖少量を加えることでメレンゲが安定しやすくなる

> まず少量のメレンゲを生地に加えてなじませ、全体がまんべんなく混ざるようにする

> 絞り袋がない場合は、おたまですくっても

> 生地を2回に分けて絞ることで高さを出す

Part 4　型なしで作る

a

b

c

マスカルポーネチーズは不要！
身近な材料であっという間に作れる
酸味とほろ苦さが絶妙なスイーツ

ヨーグルトティラミス

Level
★ ☆ ☆

材料 （13cm四方の保存容器1個分）

〈コーヒーシロップ〉
A [水 —— 80g
    グラニュー糖 —— 25g]
インスタントコーヒー —— 8g

〈クリーム〉
生クリーム（35％）—— 200g
グラニュー糖 —— 40g
プレーンヨーグルト（無糖）—— 400g

市販のビスケット —— 10〜12枚
ココアパウダー —— 適量

HIRO's Voice

- ビスケットの代わりにスポンジケーキやカステラでもおいしく作れます
- 容器は好みのものでOK。グラスに分けて盛りつけても
- コーヒーの量は好みで調整を。エスプレッソコーヒーなら、苦味が際立ちます

Part 4

型なしで作る

下準備

● ボウルにザルを重ね、ペーパータオルを敷く。ヨーグルトを入れてラップをかけ、冷蔵庫に入れてひと晩水きりする（a）

作り方

1. コーヒーシロップを作る。鍋にAを入れて弱火にかけ、泡立て器で混ぜながら温める。沸騰したら耐熱容器に入れたインスタントコーヒーに注ぎ、そのまま冷ます。

2. クリームを作る。ボウルに生クリーム、グラニュー糖を入れ、ボウルの底を氷水にあてながら、七〜八分立てに泡立てる。水きりしたヨーグルトを加え、泡立て器でよく混ぜてからゴムべらに持ち替え、均一になるまで混ぜる。

3. 容器にビスケット5〜6枚を並べ、1の½量をハケでたっぷりとしみこませる（b）。

4. 2の½量を流し入れ、ゴムべらで平らにならし、残りのビスケットを並べる。残りの1をしみこませて残りの2を流し入れ、表面を平らにならす（c）。冷蔵庫に入れて1〜2時間冷やす。

5. 茶こしでココアパウダーをふりかける。

a

ハケの代わりにスプーンを使っても。一度シロップをしみこませてから、少し時間をおいてもう一度シロップを塗るとよい

b

c

簡単に成形できるフルーツタルト。
カスタードクリームと
甘酸っぱいいちごのバランスが絶妙です！

型なしいちごタルト

材料 （直径約18cmのもの1台分）

〈タルト生地〉
- 無塩バター —— 50g
- グラニュー糖 —— 25g
- 卵黄 —— 1個分（約18g）
- 薄力粉 —— 110g
- アーモンドプードル —— 10g

〈カスタードクリーム〉
- 全卵 —— 1個（約50g）
- グラニュー糖 —— 40g
- 薄力粉 —— 15g
- 牛乳 —— 150g
- A［バニラエッセンス —— 3〜4滴
　　無塩バター —— 10g］

- 生クリーム（42％）—— 50g

〈仕上げ〉
- いちご —— 2〜3パック
- 溶けない粉糖 —— 適量

下準備

- バターは常温に戻す
- オーブンを180℃に予熱する（2で生地を冷蔵庫で休ませている間に）

Level
★★☆

作り方

1. タルト生地を作る。ボウルにバターを入れ、ゴムベらでなめらかになるまで混ぜる。グラニュー糖を加えてすり混ぜる。均一になったら卵黄を加えて混ぜる。全体的になじんだら薄力粉をふるい入れ、アーモンドプードルを加え、切るように混ぜる。

2. 粉けがなくなったら手でまとめ、ラップをして丸く成形し、冷蔵庫に入れて2時間以上おく。

3. 2を取り出し、軽くもんでやわらかくする。麺棒で直径約18cmの円形にのばし、周囲を約1cm持ち上げてふちを作り（a）、波形に成形する。フォークで生地の底面全体に穴をあける。

> 波形にせず、丸いまま焼いてもOK。フォークで穴をあけることで、ふくらむのを防ぐ

4. 天板にオーブンペーパーを敷いてのせ、180℃に予熱したオーブンで15〜20分焼く。全体に焼き色がついたら焼きあがり（b）。クーラーの上で粗熱をとる。

5. カスタードクリームを作る。ボウルに卵を割りほぐし、グラニュー糖を加えて泡立て器でもったりするまでよく混ぜる。薄力粉をふるい入れ、粉けがなくなるまでよく混ぜる。牛乳を少しずつ加え、その都度よく混ぜる。

6. ふんわりとラップをかけて電子レンジ（600W）で2分加熱する。取り出して泡立て器で全体がなめらかになるまで混ぜる。電子レンジで1分ずつ2回に分けてさらに加熱し、その都度混ぜる。

> 一気に加熱せず、こまめに取り出して混ぜることでなめらかなクリーム状になる

7. Aを加えて混ぜ、全体になじんだらラップを敷いたバットに流し入れ、クリームの表面に密着させるようにラップで包み（c）、冷凍庫に入れて30分ほど冷やす。

> 凍ってしまうと分離する可能性があるので要注意

8. ボウルに生クリームを入れ、ボウルの底を氷水にあてながら、八〜九分立てに泡立てる。別のボウルに7を入れてゴムべらでほぐし、泡立てた生クリームを加えて混ぜ合わせる。

9. 4に8を絞り袋に入れて絞り、好みで半分に切ったいちごをのせる。ふちに茶こしで粉糖をふる。

> カスタードクリームが見えないようにいちごを飾って

HIRO's Voice

- フルーツは好みのものでOK。季節ごとに旬の果物で試してみてください
- 電子レンジで手軽に作れるカスタードクリームレシピ。少しずつ加熱しては混ぜるのがポイント

a

b

c

Part 4 ― 型なしで作る

Chocolate Macaron

乾燥もマカロナージュも不要！
マカロン作りのセオリーをくつがえす
簡単＆短時間で
作れる革命的レシピ

マカロンショコラ

まるで高級ショコラトリーで買ったかのようなリッチな味わいを
おうちで再現。サクッとしたマカロン生地に
濃厚なガナッシュが極上のハーモニーを奏でます。

Level
★★★

材料 （14〜17個分）

〈ガナッシュ〉
板チョコレート（ブラック）—— 100g
生クリーム（35％）—— 100g

〈マカロン生地〉
A ┌ 粉糖 —— 96g
　├ アーモンドプードル —— 84g
　└ ココアパウダー —— 10g
卵白 —— 40g（手順3で使用）
卵白 —— 40g（手順4で使用）
グラニュー糖 —— 60g

下準備

- チョコレートは包丁で刻む
- Aをボウルに入れ、泡立て器でよく混ぜてから ふるっておく
- 湯せん用の温湯を用意する
- オーブンを150℃に予熱する

HIRO's Voice

- メレンゲの温度は40℃まで上げることが大事。これ以上立たないというぐらいまでしっかり泡立てましょう
- あればシリコン加工されたベーキングマットがおすすめ（P3参照）
- ご家庭のオーブンによって焼き方を変えてください。上火が強いオーブンは、そのままでOK。下火が強いオーブンは、天板の上下を返して裏側で焼くか、オーブンペーパーの下にシリコン加工されたベーキングマットなどを敷いて、火のあたりをやわらげるといいです

アーモンドプードルは、ほかのお菓子ではふるわないことも多いが、マカロンはふるったほうが失敗しにくい。ただし、粒子が粗いので目の粗いザルなどでふるうのがおすすめ。最後にダマが残ったら指先で軽く押して。

マカロンの作り方

1 ガナッシュを作る

耐熱ボウルに刻んだチョコ、生クリームを入れ、電子レンジ（600W）で30秒ずつ、3回加熱する。1回ごとに取り出し、ボウルを揺すってなじませる。ゴムべらで中心から徐々に混ぜ、ツヤが出たらOK。

2 ガナッシュを冷やす

ラップを敷いたバットに1を流し入れ、ラップで包んで冷蔵庫で2〜3時間冷やす。

3 マカロン生地を作る

ボウルにふるったAを入れ、卵白40gを一気に加え、ゴムべらで混ぜる。均一に混ざればOK。

4 メレンゲを作る

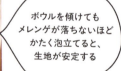

ボウルを傾けてもメレンゲが落ちないほどかたく泡立てると、生地が安定する

別のボウルに卵白40g、グラニュー糖を入れ、ハンドミキサーで軽く混ぜる。湯せんにかけながら高速で泡立て、40℃（さわって温かいと感じる程度）まで温める。ツノが立つまでしっかり泡立ったら湯せんからはずして低速で1分ほど混ぜ、キメを整える。

5 3と混ぜ合わせる

メレンゲをひとすくい3のボウルに加え、ゴムベらで混ぜる。ある程度混ざったら残りのメレンゲを加え、さっくり混ぜる。均一になじんだらOK。

6 生地を丸く絞る

丸口金（8号）をつけた絞り袋に5を入れ、オーブンペーパーを敷いた天板に直径約4cm大の円になるように絞る。焼くと少し広がるので、適度な間隔をあけて絞って。絞り終わりは、ツノが立たないように口金の先を小さく回して切るようにする。

> 天板が1枚しかない場合は、余った生地はそのまま絞り袋に入れておき、1回目が焼き終わってから残りを焼く

7 オーブンで焼く

150℃に予熱したオーブンで13〜15分焼く。4分ごとにオーブンを開けて中の蒸気を逃がしながら焼く。指でつまんで左右にそっと動かしてみて、動かなかったら焼きあがり。取り出して天板のまま粗熱をとる。

8 ガナッシュをサンドする

2をボウルに入れてゴムべらでほぐし、丸口金（8号）をつけた絞り袋に入れる。7の平らな面の中心に絞り、もう1枚ではさむ。

型なしで作る

HIRO SWEETS（ヒロスイーツ）

東京の製菓専門学校を卒業後、世田谷で数店舗を構える老舗洋菓子店や練馬、地元長野県の有名パティスリーにて10年以上パティシエとして働く。2022年よりYouTubeで動画の配信を開始。身近な材料で誰でも簡単に作れるプロならではのレシピを発表し、人気を集める。本書が初の著書。

YouTube 「HIRO SWEETS」
Instagram @hiro_sweets_
TikTok @hiro_sweets_
オンラインお菓子教室「siki」 https://siki-salon.fants.jp/

デザイン／蓮尾真沙子、狩野聡子（tri）
撮影／山川修一（扶桑社）
スタイリング／官野亜海
撮影協力／UTUWA
校正／小出美由規
DTP／Sun Fuerza
編集協力／加藤洋子
編集／斉田麻理子（扶桑社）

作りたいお菓子

発行日　2024年12月20日　初版第1刷発行

著者　　HIRO SWEETS
発行者　秋尾弘史
発行所　株式会社 扶桑社
　　　　〒105-8070
　　　　東京都港区海岸1-2-20　汐留ビルディング
　　　　電話　03-5843-8842（編集）
　　　　　　　03-5843-8143（メールセンター）
　　　　www.fusosha.co.jp

印刷・製本　TOPPANクロレ株式会社

定価はカバーに表示してあります。
造本には十分注意しておりますが、落丁・乱丁（本のページの抜け落ちや順序の間違い）の場合は、小社メールセンター宛にお送りください。送料は小社負担でお取り替えいたします（古書店で購入したものについては、お取り替えできません）。
なお、本書のコピー、スキャン、デジタル化等の無断複製は著作権法上の例外を除き禁じられています。本書を代行業者等の第三者に依頼してスキャンやデジタル化することは、たとえ個人や家庭内での利用でも著作権法違反です。

©HIRO SWEETS 2024
Printed in Japan
ISBN978-4-594-09950-3